1914-1918
Mon papa en guerre

Dans la même collection
sous la direction de Jean-Pierre Guéno

Paroles de poilus, Librio n° 245
Paroles de détenus, Librio n° 409
Mémoire de maîtres, paroles d'élèves, Librio n° 492
Paroles d'étoiles, Librio n° 549
Premières Fois, Librio n° 612
Paroles du jour J, Librio n° 634
Cher pays de mon enfance, Librio n° 726
Paroles d'amour, Librio n° 788
Paroles de femmes, la liberté du regard, Librio n° 848
Paroles d'enfance, Librio n° 886
Paroles de l'ombre, Librio n° 925

Jean-Pierre Guéno

1914-1918
Mon papa en guerre

Lettres de poilus, mots d'enfants

Librio

À Agnès, à Clémence et à François

« Je doute que les nations soient assez sages pour aller, après cette guerre, résolument au désarmement et à une paix durable. »

Marin GUILLAUMONT le 14 décembre 1914

Préface

En 1997, j'avais lancé les appels de l'opération «Paroles de poilus» auprès de quatorze millions d'auditeurs des stations de Radio France pour deux raisons: je trouvais scandaleux que nous tournions la page du XXe siècle en donnant des huit millions de jeunes hommes qui avaient été mobilisés entre 1914 et 1918 une image déformée: celle des anciens qui avaient survécu, le plus souvent brisés par la vieillesse, par le temps et par leurs cauchemars, et qui pouvait faire croire aux enfants et aux adolescents d'aujourd'hui que les histoires d'anciens combattants rimaient avec la poussière et l'ennui et ne les concernaient pas...

Je pensais par ailleurs que les gens qui «font» la radio ne sont pas seulement ceux qui parlent dans un micro, mais ceux qui l'écoutent: et je voulais leur donner un vrai rôle, comme je l'ai fait ensuite avec *Paroles de détenus*, *Mémoires de maîtres, paroles d'élèves*, *Paroles d'étoiles*, *Premières Fois* et *Paroles du jour J*.

Grâce aux huit mille lettres reçues, grâce aux «traces», photos, manuscrits envoyés par les auditeurs, j'ai réalisé deux livres dont un livre illustré mis en images par Jérôme Pecnard, et mon complice Yves Laplume a fait de ces «paroles» un très beau travail pour la radio.

Paroles de poilus figure aujourd'hui dans la bibliothèque de plus de trois millions de familles et le livre est prescrit en classe de troisième. Les «paroles» de ces très jeunes hommes sont inscrites dans tous les manuels scolaires.

Grâce à la force de l'émotion de ces mots écrits dans la boue des tranchées, quelques générations d'adolescents ont compris le vrai visage de la guerre; ils ont pu dépasser les mensonges, les clichés, les symboles anesthésiants brandis par les propagandes gouvernementales en temps de guerre, et qui déforment souvent pour longtemps la réalité de la vie quotidienne des acteurs de l'histoire humaine. Au point de faire oublier que l'histoire, c'est tout simplement la vie, avec ses ambiguïtés, sa part d'ombre et sa part de lumière.

Mais il me restait une frustration aujourd'hui compensée grâce à ce nouveau livre et à son autre version illustrée (Éditions Les Arènes) : mes relations avec les familles qui m'avaient prêté des documents en 1997 m'ont incité à me pencher vers ces poilus un tout petit peu moins jeunes qui avaient charge d'âmes ou qui correspondaient avec des enfants, et vers le regard que les enfants de l'époque portaient sur leurs pères, leurs oncles et leurs grands frères.

Alors que *Paroles de poilus* mettait le plus souvent en scène de très jeunes hommes qui avaient pour la plupart entre dix-sept et vingt-trois ans, *Mon papa en guerre* éclaire donc les relations qui unissaient entre 1914 et 1918 les pères et les mères à leurs enfants, et qui s'exprimaient à travers les correspondances et les journaux intimes des uns et des autres.

J'ai choisi de rassembler leurs « Paroles » en faisant se succéder leurs « regards » puis leurs « dialogues » afin d'activer encore une fois cette perspective kaléidoscopique qui caractérise toujours ma démarche, tout en prenant le soin de résumer l'histoire des familles impliquées dans cet ouvrage en annexe.

À l'image de *Paroles de poilus*, de *Paroles d'étoiles* et de *Paroles du jour J*, puisse *Mon papa en guerre* montrer que l'histoire des hommes ne doit surtout pas être détournée, manipulée, aseptisée ou déformée pour servir d'anesthésiant, mais rester ce qu'elle est en réalité : un facteur essentiel d'inquiétude et de vigilance, qui doit jouer un rôle majeur dans notre éducation de citoyens…

Jean-Pierre Guéno

Introduction

Quand éclate la Première Guerre mondiale, il y a quatre millions de poilus dans les tranchées et quatre millions et demi d'enfants sur les bancs des écoles primaires de la République. La similitude de ces deux chiffres est troublante, et l'on comprend que les enfants soient un formidable enjeu pour les pouvoirs publics de l'époque, au point de devenir la cible privilégiée de leur propagande. Ils sont des « graines de poilus » et pour un gouvernement qui vit dans la psychose de voir les vagues de conscrits se dérober devant l'appel d'une guerre incroyablement meurtrière, tout se tient : conditionner les enfants, c'est à la fois conditionner leurs familles et préparer l'état d'esprit des futurs appelés.

De leur côté, les poilus ne sont pas à la fête…

Les quarante-cinq premiers jours de la guerre font plus de 600 000 morts, blessés ou disparus. La guerre va tuer presque autant de poilus en six mois qu'elle en tuera dans les quatre ans qui suivront. On comprend pourquoi l'armée française ne publie pas ses pertes. Certains officiers supérieurs ont été formés à la très vieille école : « L'imprudence est la meilleure des sûretés », écrit Joffre. Au colonel Pénelon qui lui propose d'équiper les soldats français en casques en novembre 1914, le même Joffre répond : « Mon ami, nous n'aurons pas le temps de les fabriquer, je tordrai les Boches avant deux mois… » En janvier 1915, les pantalons rouges des poilus sont enfin remplacés par des uniformes bleus et non kaki ! Les casques n'arrivent qu'en novembre de la même année. Mais l'armée française a beaucoup de mal à combler son retard initial : 6 mitrailleuses par régiment contre 12 chez les Allemands, 4 000 canons de 75 chez les Français contre 5 000 de 77 chez leurs ennemis, 300 canons lourds chez les premiers contre 3 500 canons lourds et obusiers chez les seconds ! Les usines françaises produisent 14 000 obus en août 1914 là où il leur en faudrait 200 000. Les aviateurs allemands ont deux fois plus d'avions que les aviateurs français et leurs avions sont modernes !

Bien loin de dénoncer cette incurie générale, si lourde de conséquences, la presse est servile et relaye la propagande. « Quant aux balles allemandes, elles ne sont pas dangereuses : elles traversent les chairs de part en part sans faire aucune déchirure », écrit *L'Intransigeant* le 17 août 1914. Pourtant à cette époque, les poilus blessés par milliers sont entassés dans des wagons à bestiaux et meurent du tétanos pendant leur transport vers des destinations improbables.

Les poilus ne sont pas dupes. S'ils font leur devoir, c'est en connaissance de cause. De faux espoir en faux espoir, de bataille en bataille, ils réalisent très vite que les Allemands sont des gens comme eux, victimes d'un tourbillon de l'Histoire qui les engloutit, et l'utilité de la guerre leur paraît de moins en moins évidente. Ils ont pour la plupart entre dix-sept et vingt-trois ans ; ils ne sont pas sortis de l'école depuis si longtemps. Beaucoup parmi eux n'auront jamais la chance d'écrire à d'autres femmes qu'à leur mère.

Pour les autres, ceux qui ont trente ou quarante ans, la guerre est d'autant plus cruelle qu'elle les sépare de leurs femmes et de leurs enfants, que certains n'ont même pas vus naître.

Lorsqu'ils n'écrivent pas à leurs parents, à leurs fiancées, à leurs épouses, à leurs maîtresses, à leurs amis, à leurs marraines de guerre, les uns comme les autres écrivent à leurs filles, à leurs fils, à leurs nièces, à leurs neveux, à leurs frères et sœurs restés à la maison. Plus de cinq millions de lettres et de cartes postales écrites chaque jour, dans la boue des tranchées, le plus souvent au crayon ou au crayon à encre, et parfois à la plume à l'encre noire, bleue ou rouge, sans compter des centaines de milliers de journaux intimes rédigés dans des petits carnets ou sur des cahiers d'écolier, et qui sont autant de bouteilles à la mer livrées aux familles, et au-delà à la postérité, lorsqu'elles ne sont pas dispersées, détruites ou découpées par les brocanteurs et par les vide-greniers que chassent plus les amateurs de cartes postales et de philatélie que les amateurs de témoignages.

Sur les cartes postales qui sont avant tout des outils de propagande, les bébés et les enfants sont comme leurs pères : ils finissent par troquer le képi pour le casque de poilu qui fit tellement défaut aux soldats pendant les premiers mois de la guerre. Ils sont de la classe 1934 ou 1935, ces nourrissons joufflus : ils sont des graines de poilus. Tout comme leurs aînés qui essayent de s'asseoir le plus près possible du poêle dans leur classe d'école. C'est l'école en effet qui doit leur donner à tous le sens du dévouement et du sacrifice total à la patrie. C'est l'école qui doit leur inculquer la haine du Boche, la haine de l'ennemi. C'est encore elle qui doit relayer la propagande des emprunts de guerre pour que les enfants influencent leurs parents, et qui doit faire comprendre à tous les écoliers que la guerre est faite pour eux, pour qu'ils puissent rester français et défendre un jour à leur tour la mère patrie.

Tout est bon pour faire de l'écolier cet excellent Français qui fera germer l'excellent soldat : les leçons de morale et d'éducation civique, les manuels d'histoire ou de géographie, les dictées, les rédactions, les devoirs, les cours de calcul et les cours de chant sont inspirés par des sujets ou par des thèmes patriotiques. Comme les éditeurs scolaires, les éditeurs de livres pour la jeunesse ne sont pas en reste... Les abécédaires, les livres de lecture, les petits romans, les livres roses, les bandes dessinées convergent tous vers la justification de la guerre, vers la glorification de ses héros ; Bécassine et les Pieds Nickelés s'en vont en guerre. Lorsqu'ils ne présentent pas les aspects les plus glauques des combats, les illustrés pour enfants mettent en scène une guerre anachronique, une guerre de rêve, pleine d'invraisemblances.

Le Père Noël de son côté n'est pas oublié : il est embrigadé lui aussi pour que les jeux et les jouets présentés en quatrième de couverture des catalogues du Bon Marché permettent aux enfants de jouer à la guerre aussi souvent que possible. Jeux d'adresse, jeux stratégiques, panoplies, jeux de l'oie, poupées, petits soldats, jeux de massacre : les chambres, les greniers, les préaux, les cours de récréation deviennent autant de champs de bataille destinés à entretenir la flamme du futur combattant.

Après huit mois de guerre, l'Église elle-même a institué une journée annuelle de prière pour « la France de tous les enfants ». On incite les petits à « combattre » par la prière, par le sacrifice, par des mortifications et des jeûnes collectifs, à grand renfort de prières, d'offrandes et de « journées de silence ». Comme pour leur faire vivre indirectement et en aveugles le calvaire de leurs pères. Les « journées patriotiques » proposées par l'école publique se succèdent : Journée du 75 mm le 23 janvier, Journée serbe le 6 mars, Journée des éprouvés de la guerre le 2 octobre, Journée de l'emprunt de la défense nationale le 13 novembre !

Ce que personne ne montre vraiment aux écoliers qui, dans certaines écoles privées, sont mobilisés dans une « croisade des enfants », ce sont les véritables horreurs de la guerre.

Et les poilus ne se risquent pas sur ce terrain-là lorsqu'ils leur écrivent. Ils préfèrent parler à leurs enfants de leurs devoirs et de leurs résultats scolaires, du respect qu'ils doivent à leur mère, de projets familiaux, bref, de la vie quotidienne, comme si de rien n'était, comme pour combler un peu la plaie de l'absence et du temps meurtrier qui n'en finit pas d'éclaircir leurs rangs.

Lorsqu'ils écrivent à leurs enfants, les paroles des poilus sont des paroles de paix, des paroles d'amour, des paroles d'humanité qui n'empêcheront pas le bégaiement de l'histoire : les enfants de poilus nés entre 1914 et 1918 auront entre vingt et un et vingt-cinq ans en 1939. Il leur faudra vaincre le nazisme avant de pouvoir penser à bâtir l'Europe.

Ouverture

Départ

Le départ pour l'armée de tous ceux qui peuvent porter les armes laisse les travaux des champs interrompus. La moisson est inachevée, le temps des vendanges est proche. Au nom du gouvernement de la République, au nom de la Nation tout entière groupée derrière lui, je fais appel à votre vaillance, à celle des enfants que leur âge seul et non leur courage dérobe au combat. Je vous demande de maintenir l'activité des campagnes et de terminer les récoltes de l'année, de préparer celles de l'année prochaine. Il faut sauvegarder votre subsistance, l'approvisionnement des populations urbaines et l'approvisionnement de ceux qui défendent à la frontière, avec l'indépendance du pays, la Civilisation et le Droit. Debout donc, femmes françaises, jeunes enfants, filles et fils de la Patrie ! Remplacez sur le champ du travail ceux qui sont sur les champs de bataille. Il y aura demain de la Gloire pour tout le monde.

Vive la République ! Vive la France !

René VIVIANI, président du Conseil, 2 août 1914

Dans ce petit village, l'ordre de mobilisation a été une profonde surprise. À ce moment, la fenaison se poursuit avec activité. Les journaux ne sont pas lus, faute de temps. Le 31 juillet cependant, l'ordre de tenir les chevaux prêts pour la réquisition commence à émouvoir l'opinion ; mais personne ne croit à l'imminence de la guerre. Aussi les cloches annonçant la mobilisation causent-elles une sorte d'effarement chez tout le monde. Chacun cesse le travail, atterré. Aucune manifestation bruyante dans le village : ni enthousiasme, ni récrimination ; plutôt un profond étonnement.

Lettre de l'instituteur de Malleval, septembre 1914

Courrier

C'est à la lueur tremblotante d'une bougie que les poilus lisent les lettres, boueux et las, mais les mots ont un pouvoir magique et comme un conte de fées ils transforment l'humide réduit en palais enchanté.

Dictée d'école primaire,
vendredi 7 mai 1915

Je vous garantis que si ceux à qui nous écrivons voyaient souvent la façon dont nous sommes installés pour leur écrire, ils auraient les larmes aux yeux. J'ai vu des hommes écrire chez eux dans les circonstances les plus tragiques et souvent dans les conditions les plus dénuées de confort. C'est que la table est rare en campagne et en première ligne, le pupitre c'est la banquette de tir ou le havresac. Beaucoup ont même le courage de griffonner une carte-lettre dans un trou d'obus où le moindre éclat peut leur être fatal ou dans une sape mal éclairée et humide d'où l'eau suinte et tombe goutte à goutte sur le papier. Dans un cantonnement voisin de Verdun où les troupes étaient les unes sur les autres, le cimetière était devenu une salle de correspondance et c'était un spectacle émouvant que celui de ces hommes qui, à peine sortis des dures journées de Verdun, venaient sur les tombes pour écrire aux vivants.

L'Écho des marmites, journal de tranchée,
20 novembre 1915

Propagande

Allons, nos petits, votre fusil à vous, c'est le porte-plume.

E. RÉCÉJAC, discours de distribution des prix, 1915

Dieu, qui feriez parler les roches
Et qui transformez les saisons
Changez-nous vite en grands garçons
Pour qu'on aille battre les Boches…

Prière des petites filles,
carte postale de propagande, 1916

Moi partir à li guerre ; moi pas craindre li Boche
Moi li casser en deux, li mettre dans mi poche.

Carte de propagande représentant un enfant blanc maquillé en « nègre » et portant un costume de zouave, 1915

Hourra pour nos succès ! Le matériel est neuf.

Carte postale représentant les conscrits de la classe 1929, qui ont donc trois ans en 1914

Mères de famille, exaltez-vous l'âme de vos enfants jusqu'au sacrifice ? Vous avez à raconter les traits d'héroïsme de nos soldats, et à votre récit, votre enfant sentira son cœur s'enflammer d'ardeur, vous aurez créé en lui une âme de héros.

Instruction pastorale de Mgr l'évêque de Vannes, 1915

Article 1 : La croisade des enfants est une mobilisation de la prière des enfants pour la victoire de la France, le salut éternel de ceux qui meurent pour elle, la restauration chrétienne de la patrie libérée.

Article 2 : Comme toute armée, celle de la prière comprend des soldats et des chefs.

Statuts de la croisade des enfants, religieuses de la Visitation, Bordeaux, 1916

Les statistiques des dernières guerres démontrent que plus les armes se perfectionnent, plus le nombre de pertes diminue.

Le Temps, 4 août 1914

L'inefficacité des projectiles ennemis est l'objet de tous les commentaires. Les shrapnells éclatent mollement et tombent en pluie inoffensive. Quant aux balles allemandes, elles ne sont pas dangereuses : elles traversent les chairs de part en part sans faire aucune déchirure.

L'Intransigeant, 17 août 1914

Leur artillerie lourde est comme eux, elle n'est que bluff. Leurs projectiles ont très peu d'efficacité [...] et tous les éclats [...] vous font simplement des bleus.

Le Matin, lettre du front, 15 septembre 1914

À part cinq minutes par mois, le danger est très minime, même dans les situations critiques. Je ne sais comment je me passerai de cette vie quand la guerre sera finie. Les blessures ou la mort… c'est l'exception.

Lettre de soldat (propagande),
Le Petit Parisien, 22 mai 1915

Les cadavres boches sentent plus mauvais que ceux des Français.

Le Matin, 14 juillet 1915

Clairvoyance

Les états-majors en étaient restés au fusil à pierre ; ils pensaient couper l'armée allemande en deux… Les canons et les mitrailleuses ont flanqué tout ça cul par-dessus tête : un carnage ! Tout ce qu'il y avait de mieux dans l'armée française !

J. MARTET, *Le Tigre*

Calme affecté des officiers, qui se font tuer debout ; baïonnettes plantées aux fusils, par quelques sections obstinées ; clairons qui sonnent la charge ; dons suprêmes d'isolés héroïques… Rien n'y fait. En un clin d'œil, il apparaît que toute la vertu du monde ne prévaut point contre le feu.

Notes de Charles DE GAULLE, blessé devant Dinant, 1914

Le bonheur pour l'homme n'est qu'avec ses parents, sa femme, ses enfants. À la réflexion, on demeure confondu de voir combien frêles sont les autres liens de l'humanité.

Étienne TANTY, 6 octobre 1914

C'est avec une douleur et une rage sourde que je songeais aux familles qui l'an prochain pleureront sur une tombe vide, enfants, femmes et vieillards, sous les plis d'un même drapeau, à Berlin, à Paris, à Londres, à Vienne ou à Saint-Pétersbourg, sous le voile du deuil et le crêpe. L'or et les territoires dont s'enrichiront les nations rendront-ils aux foyers celui qui manquera ? Vous ne savez pas quelle haine je ressens pour les apologistes du carnage, et combien dégoûtant m'apparaît le souvenir de ces monstres dont on prétend inspirer aux écoliers l'admiration et le culte.

Étienne TANTY, 18 octobre 1914

Dans les événements présents, c'est un profond bonheur, refusé à tant d'autres, d'écrire comme nous écrivons, et la seule prière efficace n'est-elle pas l'affection des parents ? Je te parlais hier d'un réserviste qui regardait le portrait de ses petits-enfants en se couchant ; il les regardait ce matin. Hors du lien familial, je ne crois pas qu'il y ait grand-chose, et la véritable réalité métaphysique est là.

Étienne TANTY, 1er novembre 1914

On n'a plus qu'une idée, je dirais presque une monomanie, une obsession : la fin, la paix. Et le désir est tel que les pires énormités, si elles le flattent, se propagent aussitôt avec une aisance invraisemblable ; chacun attend l'armistice du jour au lendemain, d'une heure à l'autre presque. Et quand la réflexion revient, on voit le pauvre diable s'éloigner en silence, les mains dans les poches et battant la semelle, la tête basse, avec un long soupir… On se couche, on essaye d'oublier. On a les reins rompus, on est courbaturés, c'est l'état normal. Le moral n'existe plus : la fin, n'importe comment, c'est toute la pensée de la troupe, et les neuf dixièmes sont convaincus qu'ils seront chez eux à la Noël et font des projets…

Étienne TANTY, 21 novembre 1914

L'arrondissement arrive, comme c'était prévu, à l'extrême pénurie de farine et de viande… La ration de pain est donc fixée à cent cinquante grammes par tête d'adulte et soixante-quinze grammes par enfant au-dessous de dix ans… Vos boulangers devront remettre la liste exacte de leurs clients, adultes et enfants, que vous devrez contrôler sévèrement… Pour les bouchers, vous prendrez aussitôt que possible les mêmes dispositions, la ration étant de soixante-quinze grammes pour les adultes et de quarante-sept grammes pour les enfants. Vous devrez rationner selon les prescriptions reçues, les légumes, plantes légumineuses, pommes de terre et vous recommanderez rigoureusement que par économie l'on ne pèle plus les pommes de terre avant de les cuire.

Circulaire du sous-préfet de Valenciennes
aux maires de son arrondissement, 12 janvier 1915

Depuis trois ans que cette terrible guerre est déclarée, nous avons eu le temps d'apprendre ce que c'était que la misère. Il serait bon que cette misérable tuerie finisse bientôt et que tout le monde retrouve ses familles et un peu de gaieté, pas comme avant la guerre, car presque tout le monde est en deuil.

Rose, onze ans, 1917

Regards de pères

L'ordre de mobilisation générale est venu sans crier gare, accompagné par le son du tocsin dont les cloches résonnaient sinistrement dans vos campagnes. Vous n'avez pas eu le temps de vous organiser ; pas plus que vos « conscrits » des autres provinces. Vous ne lisez pas le journal qui est trop cher et qui reste dans le meilleur des cas le privilège du curé, du médecin, du maire ou de l'instituteur. Vous êtes à des années-lumière de l'agitation qui enflamme les Balkans, de l'assassinat de l'archiduc François-Ferdinand à Sarajevo, et de celui de Jaurès à Paris. L'ordre de mobilisation vous prend de court. Ce sont les femmes qui devront s'organiser pour les moissons comme pour les vendanges à venir. Ce sont vos petites amies, vos femmes, vos mères, vos filles, qui, dans les villes et dans les usines, vont devenir mécaniciennes, tourneuses d'obus, postières, conductrices de tramway ou porteuses de charbon.

Je deviens un étranger

Retraite ! Retraite ! Les premiers jours, les premières semaines de la guerre sont un carnage. Plus de six cent mille morts, blessés ou disparus en six semaines. Personne ne vous l'a dit, car l'armée ne publie pas ses pertes : mais beaucoup de vos amis sont déjà morts. Vous ne comprenez pas ces officiers supérieurs qui prétendent comme Joffre que « L'imprudence est la meilleure des sûretés », ces technocrates qui attendront un an et demi pour vous équiper de casques, et qui vous font courir sous la mitraille dans vos pantalons rouges sous le son du clairon ! L'intendance ne suit pas. Vous êtes affamé. Dans les fermes proches du front, les paysans profitent de la situation : les œufs et le beurre sont vendus à prix d'or et ils ont la loi pour eux, car les voleurs de poules peuvent être fusillés. Il vous a suffi de quelques jours, d'une ou deux semaines pour avoir le sentiment d'être devenu un autre homme, un étranger à lui-même et à sa famille. Votre enfance gît dans un champ de blé, pareille à tous ces corps abandonnés dans la hâte et qui ne se réveilleront plus : transpercée, tranchée, mitraillée, ouverte, béante, égorgée, décapitée. La mort est venue tisser sa toile sur le sentier qui vous reliait à votre source. Elle est venue cribler de cendres l'eau claire de la fontaine qui vous servait de miroir. Une peur vous obsède : celle de ne pas reconnaître ces enfants qui sont les vôtres et qui grandissent sans vous. Celle de ne pas vous reconnaître vous-même…

Décidément, je crois que quand je rentrerai, je ne reconnaîtrai plus mes enfants. Hubert sachant lire et obéissant, Mme Soupe douce et affectueuse, Marie autoritaire et capricieuse, je n'y comprendrai plus rien.

De Léon PÉNET à sa femme Alcée, 30 décembre 1914

Il y a au moins quatre jours que je ne me suis pas lavé. Je dois sentir pas très bon et il y a douze jours que je n'ai pas quitté ma chemise. Comme tout le monde sent à peu près la même odeur, nous ne nous apercevons de rien. Mais, si tu venais, je te ferais peut-être mal au cœur. J'attends la paix pour me faire une toilette soignée. Mes cheveux ne connaissent plus la raie. Mon cou est habitué à ton cache-col, je couche avec. Il aura de la peine à supporter un col. Mes pieds sont toujours fourrés dans de larges godillots qui ballottent. Il me faudra faire un petit apprentissage pour me familiariser avec mes anciennes frusques. Quel drôle de mari tu vas avoir. Avec son nez rouge, sa peau durcie et sa démarche pesante. Tu pourras m'accrocher dans le dos une pancarte avec : « Il revient de la guerre », pour qu'on ne se fiche pas trop de toi.

De Léon PÉNET à sa femme Alcée, 8 janvier 1915

Tu dois être très fière en effet de te promener avec ton fils, il y a de quoi, mais au lieu de dire mon œuvre, il faut dire notre œuvre. Je me demande anxieusement quelles têtes auront mes enfants quand je rentrerai. Si leurs nez se relèvent, quand ils étaient baissés, ou qu'ils se baissent quand ils étaient relevés, je ne les reconnaîtrai plus. Pourvu que ton nez ne change pas. T'ai-je dit que le mien était tout rouge. Nos nez vont si bien travailler que nous ne nous reconnaîtrons plus, je vois ça. Dans tous les cas, si tu viens me chercher à la gare, j'aurai autour du cou le cache-col que tu m'as fait. Tu me feras connaître de ton côté le signe qui me permettra de t'embrasser, car je ne voudrais pas serrer dans mes bras une étrangère qui me flanquerait peut-être une gifle.

D'Alexandre Louis JACQUEAU à son épouse, 15 août 1914

Le poids de l'absence

Vous n'oubliez pas les vôtres, mais vous vous demandez parfois s'ils ne risquent pas de vous oublier. Bien sûr vous n'êtes pas mort, et c'est la mort qui rime avec l'oubli. C'est l'oubli prévisible qui pourrit le temps de votre agonie, en vous rappelant entre deux souffrances que la terre vous effacera, tôt ou tard. Mais si l'oubli jaillissait de votre vivant ? Si l'oubli jaillissait du poids de l'absence ? Peut-être alors seriez-vous déjà le mort, l'absent, le défunt ; celui dont on évoque le nom en baissant la voix. Celui dont le visage et le souvenir s'estompent au fil des jours et des semaines.

Embrasse bien mes chers petits que j'aime tant et tant, cause-leur tout de même un peu de moi, il ne faut pas qu'ils oublient Papa.

De Marin GUILLAUMONT à sa femme Marguerite,
15 décembre 1914

Que devenez-vous à Laire ? Je n'ai pas dormi de la nuit, passant des plus vives inquiétudes aux espoirs les plus fous. Qu'il me tarde d'être à quelques jours d'ici pour avoir d'autres nouvelles, des détails. Je voudrais me figurer ce que vous faites en ce moment ; je ne peux y arriver. N'es-tu pas trop fatiguée, ne te laisse pas décourager. Chez M... ont dû aller te voir ; ne cause pas trop, éloigne les commères, on doit t'observer... Fais-toi lire mes lettres, c'est trop pénible pour toi de les déchiffrer. J'écris mal, je suis mal installé pour cela.

Que je voudrais te faire de longues lettres si mes idées ne se brouillaient pas. Vois-tu je vis en ce moment dans le même état d'esprit qu'en juillet, août et septembre 1910. Impossibilité de croire à un bonheur certain. Je t'aimais bien à ce moment-là, je vous aime bien toutes les deux, mais je suis loin de vous, je m'inquiète de vous deux. Je t'envie que tu aies pu la voir toi au moins.

Je t'en veux presque. Il me faut fermer ma lettre. Embrasse notre chérie, embrasse nos familles pour moi.

Espère en mon retour. À toi ma chérie, tout ce qu'un mari peut désirer de meilleur pour sa petite femme.

D'Alexandre Louis JACQUEAU à son épouse, 27 avril 1915

Il t'était impossible de ne pas assister à la première communion de Jacques et de Maurice et *je ne l'aurais pas voulu*. Il ne faut pas que les enfants souffrent de cette guerre. Il faut qu'ils conservent un bon souvenir de ce beau jour et à ce sujet, fais pour le mieux; joins-toi à tous pour leur faire un cadeau ou bien fais-le séparément. Fais comme si j'étais là.

D'Alexandre Louis JACQUEAU à son épouse, 29 avril 1915

Où sont les bonnes randonnées du dimanche en auto? Où sont-elles? Quand reviendront-elles? Étais-je pourtant assez heureux de partir le samedi avec tout mon monde, petits et grands? Heureux jours de joies familiales! Sacrifices tous ceux-là, ajoutés à tant d'autres.

D'Alexandre Louis JACQUEAU à son épouse, mai 1915

Le courrier du soir a apporté avec la tienne les lettres de Paulette et des enfants, ainsi que leurs deux images. J'ai sangloté.

Alexandre

Que de chagrin, que de pleurs partout, ma petite femme. J'ai toujours pensé que nous étions dans un enfer, ou tout au moins un purgatoire. Et puis, lentement, tout se transforme, tout s'arrange; nous avons pour nous calmer l'oubli, l'usure.

Quand je voyais, cet hiver, ces affreux champs boueux, piétinés, dévastés, je trouvais la campagne hideuse. Maintenant, ces champs se sont recouverts de gazon vert et de fleurs pour nous rappeler que, s'il y a un enfer, il y a aussi un paradis.

De Léon PÉNET à sa femme Alcée, 27 mai 1915

Mon cher Hubert,

J'ai reçu ta lettre qui m'a fait très plaisir. Je vois que tu commences à écrire comme une grande personne. Nous sommes dans un bois où il y a beaucoup de fleurs et d'oiseaux et dans quelque temps il y aura des fraises. Quand la guerre sera finie, nous prendrons tous le bateau et irons en France pour nous promener dans des bois. Marie et Magui seront très étonnées d'entendre si bien chanter les oiseaux et elles ramasseront beaucoup de fleurs. J'espère que tu fais bien attention à elles et que tu ne les taquines jamais. Embrasse-les bien pour moi.

Léon Pénet

De Léon Pénet à son fils Hubert, 3 mai 1916

Mon cher Hubert,

J'apprends que tu vas bientôt faire ta première communion. Te voilà un grand garçon. Continue à être bien sage. Prie le bon Dieu pour qu'il conserve ta maman et tes petites sœurs, pour qu'il te préserve, pour qu'il fasse revenir ton papa. J'aurais bien voulu être à côté de toi ce jour-là. Mon cher Hubert, reste toujours un gentil petit garçon pour que le bon Dieu reste toujours dans ton cœur. Je t'embrasse affectueusement et je penserai à toi toute la journée du 1er mars. Présente mes hommages à ces dames.

Léon Pénet

De Léon Pénet à son fils Hubert, 18 février 1917

Frustrations

Les femmes sont absentes du front. Ou alors elles portent une croix rouge sur un bonnet blanc. Ou alors elles racolent en cheveux dans les bourgs de l'arrière. Mais en fait les femmes sont partout ; leurs prénoms jaillissent de la bouche des blessés qui implorent leurs mères ou leurs épouses. Ils sont gravés sous forme d'initiales dans l'écorce des arbres ou dans la pierre des abris. Des lettres rondes, des lettres majuscules dont les courbes voudraient retrouver la douceur des formes qui vous manquent…

3 octobre

Je viens de bien dormir, du sommeil de l'homme de bien. Je crois que sous mon oreiller, composé d'une gerbe de paille, il devait y avoir une nichée de rats, car toute la nuit, j'ai entendu de petits cris de satisfaction. Je devais sans doute les chauffer très agréablement. J'ai pensé tout de suite à ma nichée à moi qui aura aussi de petits cris de satisfaction quand je serai rentré.

Nous avons quelquefois dans nos cantonnements des aventures qui nous font bien rire. Il faut te dire bien vite que nous avons pour habitude de rire de peu de chose.

Il fait nuit noire, nous dormons tous pesamment. Tout à coup, la grosse voix de notre lieutenant se fait entendre: «Duchêne (c'est le nom de son ordonnance), sellez mon cheval.» Le cheval, au lieu de coucher dehors, couche auprès de nous, il ne faut pas oublier qu'il est un cheval d'officier. Le nommé Duchêne, les yeux gonflés de sommeil, se lève encore tout engourdi. Il n'a pas d'allumettes. À tâtons, il cherche la selle et se dirige vers un grand corps que l'on distingue vaguement dans l'ombre. Il pose la selle sur le grand corps et se met en devoir de sangler fortement. Mais l'animal sans doute a trop mangé, car la sangle a beaucoup de peine à faire le tour du ventre. À force de travail, Duchêne arrive cependant à joindre les deux bouts. Puis, les muscles raidis, il peine encore pour faire gagner quelques trous. Mais tout à coup, nous entendons un plaintif gémissement, quelque chose de larmoyant, qui demande grâce. Le grand corps que l'on distinguait vaguement dans l'ombre était une vache qui essayait de faire comprendre qu'elle était trop serrée. Quant au cheval, il était couché comme un veau tout à côté et s'était bien gardé de montrer qu'il était là. Nous avons bien ri et pendant le restant de la nuit, les ronflements étaient souvent coupés par de gros éclats de rire. Tu vois que nous ne sommes pas difficiles quand il s'agit de rire.

J'ai depuis quelques jours un cheval que j'aime, j'ai ressenti le coup de foudre en le montant. Et dire qu'il y a des gens pour prétendre que le coup de foudre n'existe pas.

Les gants que tu m'enverras feront bien d'être doublés de cuir à l'intérieur de la main pour qu'ils ne s'usent pas trop vite sur les rênes.

Je t'adore de plus en plus.

Léon

De Léon PÉNET à sa femme Alcée, 3 octobre 1914

Les petites amies qui causent tant de chagrins aux blessés sont des horreurs. De même que celui qui avait une femme différente tous les jours doit avoir beaucoup d'argent. C'est le secret de se faire aimer par ces cœurs sensibles. Nous avons pas mal de ces cœurs sensibles dans nos parages. Tu comprends que le gagne-pain de ces beautés s'en est allé à la guerre. Les Boches dans leurs bombardements n'ont pas épargné certaines maisons plus que le reste. De sorte que les pensionnaires se sont envolées comme des essaims d'abeilles. Comme il n'y a plus que les vieux qui restent, c'est vers nous que ces abeilles viennent butiner. Elles butinent si bien que plus d'un s'est fait salement piquer. Ces piqûres sont assez mauvaises et la partie touchée devient enflée et douloureuse pour de longs jours. Sois tranquille sur ce nouveau danger, je n'aime pas les abeilles.

De Léon PÉNET à sa femme Alcée, 4 décembre 1914

Je suis installé chez une vieille femme et je me chauffe près de son fourneau. Cette vieille, depuis qu'elle fréquente des soldats, jure comme un affreux païen. Elle dit N. de Dieu à tout propos et met le bon Dieu à toutes les sauces. Nous l'appelons Grand-Mère. J'ai essayé de lui faire un peu de morale au sujet de ces jurons que je trouve mal placés dans sa bouche ; mais elle m'a répondu que « ces cochons de soldats lui font perdre la tête ». Ces cochons de soldats lui font en effet perdre la tête. Quelques-uns se prétendent fort amoureux et lui font part de leur flamme. D'autres s'approchent tout frétillants et lui pincent le derrière. La vieille se défend comme un diable, leur flanque des coups et les N. de Dieu et les Bon Dieu pleuvent. Elle aime cependant beaucoup les soldats ; tous les soirs ils sont une dizaine qui font le cercle autour de son fourneau. Ils racontent d'énormes blagues pendant que la grand-mère se tient les côtes à force de rigoler. Elle a soixante-dix ans, nous a-t-elle dit.

De Léon PÉNET à sa femme Alcée, 10 décembre 1914

La question parrain marraine devient en effet épineuse. Les enfants ne se figurent pas la quantité de soucis qu'ils créent à leurs parents. Ils commencent avant de naître. Après tout, ce n'est pas eux qui demandent qu'on les fasse. C'est plutôt nous qui devrions rester tranquilles. Si tu veux, je ne t'embrasserai plus que sur le front. Tu t'abstiendras de me montrer tes cuisses ou ton beau… Je jeûnerai tous les jours pour refréner mes désirs et j'irai coucher sur un lit de sarments. Si tu as toi aussi des désirs, tu feras comme moi. De mon côté, je ne te montrerai plus rien. Nous finirons ainsi notre existence dans la paix. Qu'en dis-tu?

De Léon PÉNET à sa femme Alcée, 23 décembre 1914

Je me rengorge en songeant que ma fille est jolie. Pourvu que ce soit plus tard une brave épouse qui saura rendre son époux heureux. Ce n'est cependant pas très difficile, à moins cependant qu'elle tombe sur un mari très exigeant comme moi. En fait de mari, elle n'en aura peut-être pas si nous devenons pauvres comme Job. Car, malheureusement, ce qui sera toujours la principale qualité exigée des jeunes filles à marier, c'est la grosse dot.

Il va y avoir pénurie de jeunes gens et celles qui sont encore vierges pourront conserver leur virginité, à moins qu'elles se contentent des nombreux estropiés qui auront des jambes ou des bras en moins. Pourvu qu'ils ne soient pas de bois, c'est tout ce qu'il faudra. Nos filles, espérons-le, n'arriveront pas à un moment pareil. Le monstre teuton, le militarisme prussien auront disparu du monde. Mais, qui sait, il peut naître d'ici là d'autres monstres qu'il faudra abattre.

De Léon PÉNET à sa femme Alcée, 1er janvier 1915

Quelle délicieuse promenade! Nous avons traversé des villages où les soldats n'avaient pas passé, des champs que la soldatesque n'avait pas piétinés. Aussi, tout était propre et riant. De ne plus voir de boue a été pour moi le plus beau spectacle. C'est à peine si l'on entendait de vagues coups de canon. Nous sommes entrés dans une ferme pour y prendre le foin.

Là aussi, tout était en ordre, tout était joli. Il y avait de grosses vaches dans les étables, elles étaient mollement couchées dans de grosses litières. Il y avait des veaux, des moutons, des cochons, des poules, des oies, des canards. Tout cela sentait la paix. Notre lieutenant nous a offert du café que la fermière avait préparé. Chez la fermière, une grande chambre bien éclairée, une grande cheminée dans laquelle une marmite fumait. Un morceau de petit-salé attendait sur la table qu'on le fasse cuire. Cependant, les deux filles de la fermière allaient et venaient. Elles se portaient bien, leurs joues avaient l'air très fermes et elles étaient très rouges. On avait envie de les tapoter. Des paires de rotondités l'une devant, l'autre derrière, se voyaient sur leur corps robuste. Je n'avais pas envie de les tapoter parce que je sais que ça n'aurait pas fait plaisir à ma femme. Mais il y avait de quoi et plus d'un, moins scrupuleux que moi et moins austère, a dû sentir en lui germer le désir. À présent, le bruit du canon me fait un peu mal. Dans quelques heures, je me serai réhabitué.

De Léon PÉNET à sa femme Alcée, 25 janvier 1915

Je ne suis pas très content de ce que tu m'apprends sur la Maguitou. Tu me dis qu'elle est très chipie, que ses cheveux sont les seules choses qui soient jolies chez elle, que ses yeux sont comme ceux de l'Azouza [la vieille]. Je ne me croyais pas capable de faire une chose pareille. On tâchera de la marier et son mari se débrouillera avec elle.

Cependant, par une éducation soignée, on pourrait éviter, peut-être, qu'elle ressemble trop à ta sainte mère, et en faire une brave fille, ayant bon cœur et pensant aux autres quelques fois.

Je m'y emploierai de mon mieux à mon retour.

De Léon PÉNET à sa femme Alcée, 18 avril 1915

Si ma fille Magui n'est pas un monstre de laideur et qu'elle a du charme, il serait bon, dès maintenant, de lui donner une bonne et solide éducation, faire en sorte qu'elle ait bon cœur, qu'elle aime son chez-soi, son ménage ; qu'elle ne soit pas frivole et qu'elle ne soit pas toujours, comme ta sainte mère, à se croire irrésistible et entourée de soupirants aux cœurs meurtris. Tout cela afin que notre cher gendre soit un homme heureux et soit plein de reconnaissance envers son beau-père et sa brave belle-mère pour lui avoir fabriqué une si gentille femme. Par exemple, ce que tu me dis au sujet de sa chevelure m'effraie un peu, pas trop cependant car je connais l'animal, il n'est pas invincible.

De Léon PÉNET à sa femme Alcée, 5 mai 1915

J'ai été très heureux de voir ma petite famille en photo. Que mes enfants sont mignons, je ne les reconnais plus, je voudrais les embrasser. Que ma femme est tentante, je voudrais l'embrasser et l'embrasser encore et faire bien autre chose. On voit la petite barrière, on voit des cactus, tout cela est très joli et me donne des battements de cœur. Mais, cristi, qu'est-ce donc que cette tête de mouton qui sourit de profil? Seigneur, est-ce possible, c'est ma pieuse belle-mère, l'ancêtre de mes mignons enfants, je ne la croyais pas si laide. C'est Magui qui a le prix de beauté, j'en décerne un autre à ma sainte B.M., mais c'est le prix du contraire. Il vaut mieux la mettre hors concours.

De Léon PÉNET à sa femme Alcée, 19 juin 1915

Dimanche dernier, nous avons eu une messe en plein air. L'aumônier avait installé son autel sur un caisson d'artillerie. C'était très impressionnant, mais moi je trouve tout cela très triste, car c'est pendant ce temps que je pense le plus à mon bout de femme et à mes trois bouts d'enfants, et la voix du canon vous rappelle toujours que c'est la guerre, l'éternelle guerre. Chacun de ces coups vous serre la poitrine. Pour être tranquille à la guerre, il ne faut avoir ni bouts de femme, ni bouts d'enfants.

De Léon PÉNET à sa femme Alcée, 24 août 1915

Le rôle du père

Votre place est vide le soir sur la table de l'office, de la cuisine ou de la salle à manger. Les enfants dînent sans vous, bien au chaud, près de l'âtre, du poêle ou du fourneau pendant que vous grelottez dans la boue de la tranchée, rongé par le froid, par la faim, par la crasse, par la vermine et par le cafard. Vous êtes l'absent, le père lointain, le papa des cartes postales idéalisé par la propagande tant on y voit sur ces cartes des acteurs joufflus, des planqués, des poilus d'opérette, des figurants qui n'ont jamais connu d'autre front que celui des décors de carton-pâte et des studios de photographes. Ils sont propres sur eux, roses et guillerets, les poilus des cartes postales. Ils sont l'image idéale du père, du fils, ou de l'amant modèle. Mais vous n'êtes qu'un pauvre mari fatigué, seul et transi, privé de sommeil, mal réchauffé par la vinasse ou par l'alcool frelaté que l'on vous fait boire pour essayer d'endormir vos peurs, vos cauchemars et vos frustrations. Demain dès l'aube, mal dégrisé, tout clochard que vous êtes, il vous faudra sortir de la tranchée au coup de sifflet, sous les balles, baïonnette au canon.

Vous vous demandez souvent si vous n'avez pas perdu votre âme à force d'enjamber les cadavres; mais c'est à vous que revient la tâche d'éduquer vos enfants à distance, de corriger les fautes d'orthographe qui se glissent sous les plaintes de leur écriture maladroite, de leur apprendre les bonnes manières, l'hygiène et la propreté, la tempérance, la sobriété, l'esprit du devoir et de l'effort. Vos lettres et vos cartes postales gardent parfois le ton bourru du père qui joue son rôle et qui incarne l'autorité : mais lorsque vous leur écrivez, pour ne pas les affoler, vous choisissez des cartes anodines qui représentent des enfants sages, évitant si possible les photos de champs de bataille, les vues de ruines dévastées, l'iconographie grivoise ou la propagande patriotique qui illustrent les cartes du moment...

Ma petite Geneviève ne sait pas lire, mais plus tard cette carte lui dira que son papa pensait bien à elle et l'embrassait bien fort.

Au revoir, ma petite Geneviève.

Alexandre de Gieysz
Prisonnier de guerre

D'Alexandre de Gieysz à sa fille Geneviève, 17 octobre 1914

Voici pour Maurice :

Je vais exaucer les vœux à Maurice dans la mesure du possible. D'abord pour les lignes de combat, je vais tracer un plan au dos de cette feuille que tu pourras suivre et expliquer à Maman, à moins que Maman comprenne mieux que Maurice. Pour les balles allemandes, je pourrai le faire. J'en apporterai quand je reviendrai. Pour le casque de Prussien, cela n'est pas sûr. Ce n'est pas maintenant le moment d'aller les décoiffer. Il fait trop froid, ils pourraient attraper la grippe. Et puis, mon pauvre Maurice, il faut réfléchir que les Prussiens sont comme nous. Il y a des papas qui sont à la guerre et des petits enfants comme toi qui sont avec leur maman. Vois-tu qu'un garçon prussien écrive à son père la même chose que toi et qu'il lui demande un képi de Français, et si ce papa prussien rapportait un képi de Français à son petit garçon et que ce képi fût celui de ton papa ? Qu'est-ce que tu en penses ? Tu conserveras ma lettre et tu la liras plus tard quand tu seras grand. Tu comprendras mieux. À la place du casque de Prussien, je vais t'envoyer à toi, à Raymond, Maman peut les recevoir aussi, des petites fleurs de primevères que les petits enfants (garçons et filles) du pays où je suis cueillaient autrefois et qui faisaient leur joie, et que moi, le grand enfant, j'ai cueillies cette année dans leur jardin pour te les envoyer.

(Je ne les vole pas, elles se perdraient tout de même.) Je vous les envoie pour que vous pensiez un peu à leur malheur de n'être plus dans leur maison. Je vois, je mets même mes ustensiles de cuisine de ces petits enfants. Il y en a là deux même que je ne peux voir sans penser à vous et les larmes aux yeux me disent que vous êtes tout de même heureux par rapport aux autres...

De Martin VAILLAGOU à son fils Maurice, hiver 1914

Huit heures du soir

Ma bien chérie,

J'ai reçu ton télégramme. Que je suis content et inquiet. Comment vas-tu, chérie, comment va notre fillette ? As-tu bien souffert ? As-tu pu avoir un médecin ? Avais-tu trouvé une nourrice ? Le télégramme est bien bref...

Que j'attends des détails... Je crains tant de choses. L'état d'esprit dans lequel tu vis depuis quatre mois et demi a pu avoir une influence malheureuse. Le souci peut lui nuire. Reste courageuse, ma chérie. Pense à notre fillette ; comment l'appelles-tu ? Fais-moi vite savoir son nom. Qu'il me tarde de la voir, que je suis impatient de revenir. Mais mon retour est encore bien loin, plusieurs mois certainement...

Cause-moi longuement d'elle dès que tu pourras le faire. Dis-moi tout. J'espère la voir. Je veux la voir. Que je regrette qu'elle ne soit pas née un an plus tôt. Fais-moi envoyer beaucoup de papier à lettres pour que je puisse t'écrire longuement.

Toutes les fois que la chose ne sera pas possible, embrasse-la pour moi. Je ne dormirai sans doute pas de cette nuit. Mais sois tranquille : je ne serai pas malheureux, pourtant je suis inquiet : s'il y avait des complications, il ne t'est pas commode d'avoir un médecin et il n'y a guère de pharmaciens.

Ce soir j'ai reçu deux lettres de toi, une carte, une lettre d'Yvonne et une carte de Jean. J'ai tout brouillé et ne m'y reconnais plus. Il me sera une distraction de les relire demain ; elles me sembleront encore fraîches.

Dis-moi que notre enfant vivra, il me tarde de savoir. C'est si frêle ces pauvres petits. Il faut si peu. J'espère. De quelle couleur sont ses yeux ? Comment sont ses menottes ?

Sera-t-elle jolie ? Que je voudrais qu'elle te ressemble. Hélas, je ne pourrai pas la voir toute petite. Je l'aime, vois-tu, je l'aime autant que je t'aime. Dis-moi, fais-moi dire beaucoup de choses d'elle. Pleure-t-elle beaucoup ? Toi, tu souffres, chérie ? As-tu pu rédiger le télégramme toi-même ; non, sans doute on l'a signé de toi pour me rassurer. Mais pourquoi cela irait-il ? N'avons-nous pas assez d'épreuves sans cela ? Tout va bien, n'est-ce pas ?

Tu me donneras de bonnes nouvelles. Dès que tu pourras m'écrire, tu le feras longuement.

Où serai-je alors ? quelque part sur le front ; il y a loin de la Suisse à la mer du Nord. Chacun n'est qu'un atome. Mais si tout va bien je vivrai, j'ai confiance. Je garde toujours mon sang-froid ; nous serons bien heureux, va, plus tard, dans quelques mois, nous en achetons bien le droit. Je n'ai pas vu notre enfant, je veux le voir et j'ai l'intime conviction que je le verrai. Il le faut bien, n'est-ce pas ? Garde mes lettres, si je ne revenais pas elle pourra les lire plus tard, elle saura que son papa l'a bien aimée.

Fais que notre enfant soit digne de toi et de ses grands-parents : elle n'aura pas à rougir de son nom, dis-lui bien que si j'ai pu tirer dans ces affreux moments c'était par nécessité, mais que je n'ai jamais sacrifié une vie inutilement, que je réprouve ces meurtres collectifs, que je les considère comme pires que des assassinats, que je n'ai haï que ceux qui les ont voulus.

Enseigne-lui à être bonne et simple. Au fur et à mesure qu'elle grandira et pourra te comprendre, instruis-la en tout, ne crains pas de lui parler des laideurs de la vie, qu'elle ne soit pas désarmée et qu'elle ne fasse souffrir personne.

Ne tolère jamais chez elle la médisance. Je voudrais qu'elle puisse faire de la musique et des langues étrangères, sans cela on n'est que des êtres incomplets. Mais pourquoi te dire tout cela, tu le sais aussi bien que moi et puis nous serons bien là tous les deux. En attendant mon retour aime-la beaucoup, doublement pour toi et pour moi, et fais-moi vite savoir son nom. J'aimerais bien une Lucienne, Yvonne, Marguerite, Marcelle, Germaine…

Que sais-je, ou bien donne-lui un prénom anglais, il y en a de gentils. Mais c'est déjà fait, je l'aime sous n'importe quel nom. Il me tarde de le savoir, c'est tout.

Que je voudrais être près de toi pour te soigner moi-même, pour la dorloter et dire qu'après mon retour il me faudra encore vivre loin d'elle, mais l'espoir de la conserver sera plus ferme. Je suis fou. Je m'arrête d'écrire pour dire que j'ai une fille,

« j'ai une fille » ! Que c'est bon à dire : je la vois déjà grandelette, il me semble la voir lorsqu'elle reviendra de classe avec toi.

Vois-tu si je ne reviens pas, j'aurai vécu toute sa vie. Il me semble déjà la suivre dans la vie. Mais lorsque cette lettre t'arrivera, que sera-t-elle ? Si tu étais à Paris, je me ferais porter malade pour la voir. S'il était possible d'en avoir une photo… Que je voudrais la voir toute, toute petite. Si tout va bien, tu dois être bien heureuse : donne-toi tout entière à elle ; c'est à elle que tu te dois désormais, si je te manquais tu n'aurais plus qu'elle pour adoucir ta vie : une mère et sa fille lorsqu'elles s'aiment ne doivent et ne peuvent jamais être malheureuses.

Vous causerez de moi, mais je serai avec vous. Elle a bien besoin d'un petit frère pour la taquiner un peu. Je suis content que ce soit une fillette. Il est plus difficile de lui faire une situation ; mais au moins elle n'est pas appelée à voir les horreurs qu'un homme peut voir. Je doute que les nations soient assez sages pour aller, après cette guerre, résolument au désarmement et à une paix durable. La pauvre enfant est née en des heures bien tragiques. N'es-tu pas née à peu près à cette époque de l'année ? Quel jour est-elle née, ton télégramme ne le dit pas. Que l'on m'écrive longuement ; j'attends, vois-tu ?…

Va, si je reviens, tu ne manqueras de rien, toi et notre enfant. Devrais-je pour cela me priver de tout et me faire terrassier en dehors des heures de classe. Si la fatalité voulait que je meure sans te revoir, sans la voir, sois ferme : toutes les forces ont un fruit.

Tu n'y as jamais songé n'est-ce pas, mais lorsque je pense à tout ce que j'aurais pu faire pour toi et que je n'ai pas fait ! Ne parlons plus de cela, tu me tirerais la langue, coquine… Tu as toujours la robe que tu as brodée l'hiver dernier : il te faudra la mettre l'été prochain.

Je te causerai encore longuement demain. Tu ne liras pas toute ma lettre à la fois, cela te fatiguerait. Je t'écris allongé dans du foin, à la lumière d'une bougie. Je l'ai dit à Ferry, je l'ai dit au lieutenant. Joffre passerait, je crois que je l'arrêterais pour le lui dire, mais il est loin quelque part vers le front, plus près des Boches que nous en ce moment.

De Marin GUILLAUMONT à sa femme Marguerite,
14 décembre 1914

Je l'aime déjà notre petite Lucile, vois-tu; je rêve d'elle; je l'ai vue déjà grande comme la petite Camille; elle avait un manteau blanc avec un ruban blanc aussi dans ses cheveux. Que je l'aimais ainsi; elle semblait aussi douce que son nom. Tu verras comme elle sera bonne pour toi, pour nous. Lorsqu'elle sera grande, tu le lui apprendras, n'est-ce pas!

Je ne t'ai jamais tant aimée que du jour où tu me dis un peu avant les vacances de Pâques que tu te croyais enceinte. Que de folles nuits et de fous baisers avant; quels souvenirs que cet enfant. Quelle débauche d'amour il résume, et aussi combien nous l'aimons et l'aimerons ma pauvre étoile des nuits de tranchée...

Marin Guillaumont

De Marin GUILLAUMONT à sa femme Marguerite, 20 décembre 1914

Qu'elle est mignonne notre Lucile; j'ai passé la nuit à regarder sa photo au clair de lune pendant que j'étais de faction; aujourd'hui, je la tire à chaque instant de l'enveloppe; elle est devant moi pendant que je t'écris... Je regarde aussi la tienne; je compare... Songe au printemps; à toutes les heures passées délicieusement enlacés; n'est-ce pas que notre Luciole nous criait déjà son droit à la vie, nous jetait dans les bras l'un de l'autre, nous suppliant de la créer... Nous l'avons maintenant. Elle est à nous, bien à nous, rien qu'à nous. Que la vie lui soit douce.

Marin Guillaumont

De Marin GUILLAUMONT à sa femme Marguerite, Noël 1914

Je suis très fier de mon fils. De trouver que sa poupée ressemble au corps de Louis prouve qu'il a le sens de l'expression. Il n'y a pas beaucoup de gens qui aient ce don. Tu vois souvent des personnes qui vous disent: votre fille a le front de sa mère, le nez de son père, les yeux de l'un et de l'autre. Ce sont de grosses bêtes. Celles qui vous disent «il a un air de famille» disent souvent la vérité. Celles qui vous disent en voyant un gros poupon sucer son pouce «il ressemble à son père» peuvent très bien dire la vérité. Ce n'est ni le nez, ni la bouche qui fait la ressemblance, c'est l'expression. Et les poupons ont leur expression. La conclusion de cette longue histoire, c'est que je suis fier de mon fils.

De Léon PÉNET à sa femme Alcée, 24 janvier 1915

Nos enfants seront bien élevés, ils s'aimeront et nous aimeront, car plus je me fais vieux, plus je m'aperçois qu'il n'y a que dans la religion qu'on peut faire des enfants bien élevés. Et quand je dis religion, je parle de la nôtre, qui est un peu sévère, mais tellement consolante.

De Léon PÉNET à sa femme Alcée, 26 février 1915

Maurice, de si loin je ne peux être juge c'est-à-dire voir ce que tu fais à l'école. Mais selon ce que me dit Maman, ce n'est pas du tout ce que tu m'as écrit. Comment? tu prétends passer l'examen pour le certificat d'études le mois prochain et tu as des notes à faire honte à un âne! Voyons le mois dernier: orthographe 0,5; observations du maître: très turbulent; ne pense qu'à jouer! Cela n'est pas permis à ton âge et surtout dans les circonstances actuelles. Et je me verrai forcé de t'appliquer la phrase de Charlemagne que tu as vue dans l'histoire de la France. Si tu ne répares pas promptement ta négligence, tu t'attireras de ma part une nouvelle punition.

De Martin VAILLAGOU à son fils Maurice, dimanche 9 mai 1915

Tu feras bien d'envoyer Marie chez ta mère. Elle va la rouer de coups, mais cela lui fera beaucoup de bien; c'est une petite peste. Si elle n'était pas ma fille, je dirais que c'est un petit poison.

De Léon PÉNET à sa femme Alcée, 13 mai 1915

Cher petit Papa,

Nous avons reçu ta lettre du 7 courant. Comme Maman te l'avait dit, nous devions aller chez Tante, Maman avait une douleur dans la jambe. Moi j'y ai été seul pour avertir ma tante que Maman ne viendrait pas. J'espère que ce sera bientôt que nous serons réunis tous en famille. Maman maintenant est guérie. Tante avec Antonin viendront dimanche. Tante apportera son appareil photographique. Dimanche dernier, Antonin avait reçu une lettre de toi datée du 2. Nous sommes tous en bonne santé, j'espère que tu soies de même. Je termine ma lettre en t'envoyant mille baisers.

Maurice

Toujours des fautes qui ne devraient pas exister. Mes observations ne produisent aucun effet. La lettre L n'a pas subi de changement malgré cinq ou six observations à ce sujet. Je veux en connaître la cause et je l'exige dans la première lettre que tu vas m'envoyer. J'ai déjà fait une observation au sujet de la phrase *j'espère que tu soies*. J'en fais une deuxième. En tiendras-tu compte ? On dit : *j'espère que tu es en bonne santé*, ou : *je souhaite que tu sois de même*. Enfin… Aurai-je la satisfaction de voir que tu es reçu au certificat d'études ? Ou bien aurai-je l'ennui de songer que des fois je pourrais rester sur le champ de bataille sans être bien fixé sur ton avenir et celui de Maman qui en dépend ?

De Martin VAILLAGOU à son fils Maurice
(lettre corrigée), 10 juin 1915

Maurice,

J'ai beau faire des observations au sujet de la lettre L, tu n'en tiens aucun compte. Cependant ton maître d'école a dû t'en faire aussi puisque je vois qu'il en a barré à l'encre rouge. Je me demande ce que c'est que cette fantaisie-là : faudra voir à te corriger de ça avant l'examen car sûrement que cela ne te donnerait pas une note de plus. Je remarque aussi que la ponctuation n'est pas observée non plus et tu vois que les fautes rappliquent alors faut ouvrir l'œil.

De Martin VAILLAGOU à son fils Maurice, mardi 13 juin 1915

Cher petit Papa,

Hier je t'ai envoyé une carte pour te dire que j'étais reçu à l'écrit. Je l'ai gardée jusqu'à l'examen oral. Et j'ai mis sur ta carte que j'étais reçu à ce nouvel examen. Je vais te raconter comment j'ai passé l'oral et l'écrit. Arrivé à Vanves à huit heures. On me donna un numéro que je vais mettre dans ma lettre. En entrant dans la salle on me plaça. Une maîtresse nous donna une dictée qui avait pour en-tête la franchise. La franchise est la première qualité de l'homme. Cette dictée n'était pas trop difficile. On me fit faire le calcul après la dictée terminée. Les deux problèmes étaient des problèmes de partage proportionnel. J'eus une heure pour faire mon calcul. Après dix heures, je fis la rédaction. Je t'écris l'en-tête : « Vous avez certainement vu une scène de la guerre actuelle. Décrivez-la. Dites pourquoi cette scène a tant retenu votre attention. » J'ai mis que le *Lusitania* avait été coulé par les sous-marins allemands. Les questions d'histoire et de géographie étaient fort simples. L'après-midi j'ai passé l'oral. On m'a fait faire une lecture expliquée et on m'a fait réciter l'une des fables que j'avais copiées sur mon cahier et j'ai été reçu. Ma tante va m'acheter une montre. Je t'annonce cette bonne nouvelle parce que je sais que quand tu recevras ma lettre tu seras en joie. Je termine ma lettre en t'embrassant.

Maurice

De Maurice VAILLAGOU à son père Martin, 23 juin 1915

Maurice,

En joie ! Oui ou plutôt je suis très satisfait de savoir que tu sois reçu au certificat d'études. Et je m'aperçois que tu es aussi en joie. Trop même. Car cela te fait oublier de corriger tes fautes que tu as faites sur le présent écrit, et de mettre des phrases et des mots qui n'ont aucun sens. Il est presque probable que si tu avais fait une dictée de cette façon, tes points auraient été réduits. Enfin oui, je suis content que tu sois reçu et pour l'instant je t'en remercie bien. Plus tard si je peux je t'en récompenserai.

Mais n'oublie pas que même reçu, il y a encore à travailler. Il faut que tu gagnes aussi le mien, de certificat, et tu ne l'auras que lorsque tu me feras une dictée comme ta présente lettre sans fautes avec le style convenable. Je sais que cela viendra en devenant grand et en t'appliquant à bien travailler. Toujours en bonne santé, je vous dis au revoir à tous et vous envoie mes plus doux baisers.

Martin

Mon cher petit Georges,

Ta maman me dit que tu as été bien sage. C'est pour cela que je t'envoie de belles petites cartes pour ton album, je t'embrasse bien dix fois bien fort.

Ton papa René

De René à son fils Georges, 15 août 1915

Ma chère Amélie,

Je suis bien heureux de tout ce que tu me racontes des fillettes, mais je n'ai pas besoin de te recommander pas de surmenage pour Madeleine, qu'elle étudie, mais qu'elle joue.

Alexandre

D'Alexandre DE GIEYSZ à son épouse Amélie, 7 octobre 1915

Mon cher Robert,

Je pense que tu es toujours bien raisonnable et que tu fais bien les commissions à ta maman et aussi que tu apprends bien tes leçons, car il faut bien apprendre pour faire un bon soldat dans quelques années car tu sais à l'école, les paresseux c'est les mauvais élèves, au régiment les paresseux c'est les mauvais soldats.

Je vous embrasse tous,

Ton papa Maurice

De Maurice à son fils Robert, 4 novembre 1915

Mon cher Pierre,

J'ai lu ta carte qui m'a bien fait plaisir et je suis content que tu apprennes bien ta leçon. Si quand je viendrai tu sais toutes tes lettres et tes syllabes, je t'apporterai un beau jouet qui t'amusera bien. J'ai reçu trop tard la carte pour prendre part à vos prières pour nos morts, mais je vais demain aller à l'église et prier pour cette intention. Toi aussi, mon Pierrot, il faut bien faire ta prière pour ton papa et pour la France et les soldats qui tombent si nombreux. Embrasse bien Joseph et Marraine ; bonjour à Parrain.

Ton papa Léon

De Léon AURIEL à son fils Pierre, décembre 1915

Bien chère petite Nénette,

Bons baisers de ton papa à partager avec ta maman et ton petit frère à l'occasion de ton troisième anniversaire. Demande à Dieu que ton papa et ta maman puissent pendant longtemps te fêter à pareille époque.

Jean

De Jean à sa fille Nénette, 24 août 1916

Mon cher Roger,

Tu as été bien sage de m'envoyer ta jolie carte. Surtout que tu as très bien écrit dessus. Je vois avec plaisir que tu fais des progrès en classe et que tu es toujours bien sage. Continue ainsi écoute bien Maman et sois bien gentil pour tout le monde. Je vais demander une permission pour aller te voir bientôt. Embrassez Adrienne, Maman et toute la famille pour moi. Adieu petit ami. Reçois beaucoup beaucoup de poutous de ton papa qui t'aime bien.

Benjamin

De Benjamin à son fils Roger

Ma petite Madeleine, tu dois être une grande demoiselle maintenant. Je vois ça à ton écriture. J'espère que tu me donneras le bras et me feras oublier tant de jours innommables. Tu n'embrasseras jamais assez ta maman. Ma petite Geneviève, qu'ils sont jolis tes dessins. Mais comme tu dois aimer les bonbons et encore davantage ta petite sœur. Embrasse-la bien.

Alexandre

D'Alexandre DE GIEYSZ à sa fille Madeleine, 28 septembre 1916

Projets de vie

La mort est votre compagne. Collée sous vos hardes; inscrite dans la vermine qui vous dévore. Elle fabrique chaque jour de vilaines cicatrices sur votre corps, dans votre mémoire et dans votre esprit. Elle fait tourner avec son mauvais sourire la roue du destin. Alors pour oublier ce rictus qu'elle dépose sur la face endormie de vos compagnons disparus, pour conjurer le sort et pour lui envoyer le pied de nez qu'elle mérite, vous bâtissez des projets. Ils vous donnent le sentiment d'exister encore, d'avoir un avenir, de vous projeter au-delà de l'instant qui vous guette, de pouvoir construire quelque chose alors même que vous n'arrivez plus à vous orienter dans le chaos, dans les décombres, dans les ruines du monde qui vous entoure.

Nous vivons depuis quelque temps dans le brouillard. Les corbeaux se rassemblent en grandes bandes et les corneilles font leur apparition. De vieux Savoyards m'ont expliqué que c'était signe de froid prochain. Ils m'ont donné de bons tuyaux pour se garantir du froid aux pieds en hiver: c'est de porter, au lieu de souliers, des galoches, comme celles d'Hubert. Si j'ai réellement trop froid, j'en achèterai. Mais je ne sais pourquoi, l'hiver ne me fait plus très peur. Je vois des soldats qui ont plus froid que moi et d'autres qui toussent déjà, tandis que moi, à un cochon pareil, j'engraisse, je prends de belles joues roses, et conserve un appétit qui n'a rien de comparable à celui que j'avais à Sidi-Bou-Mel. C'est bien triste de penser que cette guerre m'aura fait du bien.

Je me suis offert hier dans un café des prunes à l'eau-de-vie, c'est très bon et quand nous serons à Sidi-Bou-Mel nous en ferons ; nous ferons aussi des cerises et des raisins à l'eau-de-vie et le soir nous en mangerons au coin du feu en compagnie de notre neveu et de notre magnifique nièce ainsi que le neveu Zouzou et la Zouzoune. Nous ferons coucher tout ça dans la chambre que j'ai fait arranger dehors.

Il sera bon aussi de traire toutes les vaches (tant pis pour les veaux) et de faire du beurre, des tommes, etc.

De belles poules nous feront des œufs tous les jours. Dans le jardin, au lieu d'arroser des roses, nous arroserons des légumes de toutes sortes. Puis de temps en temps, accompagné de ma meute de chiens de chasse, je partirai dans la montagne pour rapporter quelques belles perdrix que nous ferons cuire avec des choux de notre jardin. Il faudrait aussi que notre fidèle Khmis ne revienne pas avec un bras coupé. Il vaudrait mieux que ce soit une jambe, il nous demanderait moins de permissions pour aller à Tunis.

De Léon PÉNET à sa femme Alcée, 15 octobre 1914

Ma Félicie bien-aimée, mes chers enfants et G.M.,

Je viens de recevoir ta lettre du 8 courant ainsi que la carte du petit Pierre. Dis-lui que je le remercie bien, et qu'il continue à bien apprendre sa leçon, pour qu'il sache toutes ses lettres quand je viendrai en permission ; qu'il dise aussi bien des choses à son Parrain et à la Tata.

Pour ta lettre, ma Félicie, elle est délicieuse de l'amour que tu as pour ton Léon ; ah crois ma bien-aimée que cet amour est bien partagé. Oh ! que je l'aime ma Fifi, que je lui suis attaché, que je désire revenir auprès d'elle pour la presser dans mes bras, la serrer sur mon cœur, abreuver mes lèvres avides de ses tendres baisers sur les tiennes qui désirent me les donner.

Je le sais ma chérie que tu me l'as donné ton premier amour, aussi combien je t'aime pour cela, car je sais que c'est moi qui ai fait de toi ma petite femme ; et toi aussi tu l'as eu ce premier amour de ton Léon, et de ces deux amours, tout frais et nouveaux, s'est faite l'amitié pure, sincère et irrésistible qui unit nos cœurs, puisse Dieu le conserver toujours de même, fidèle, ardent et dévoué l'un à l'autre.

Aussi qu'il me tarde que cette triste vie finisse pour reprendre la seule vie qui compte pour moi, celle près de mon épouse aimée et fidèle et de mes enfants qui deviennent grands et sages pour en faire des hommes et de toi une femme heureuse et contente.

Hier au soir nous avons quitté les premières lignes pour venir plus à l'arrière où nous pourrons nous remettre un peu des fatigues de douze journées maussades. Ici nous sommes dans des caves. J'ai pu aujourd'hui aller jusqu'à l'église faire un peu de prières ; cela fait du bien. On y pense à ceux qu'on aime, à notre pauvre France, qui a tant besoin en ces dures heures de secours divin. Maintenant, à la lumière, je te trace ces lignes avant de m'endormir pour que ma lettre parte de bonne heure demain te porter de mes bonnes nouvelles et tout mon amour. J'ai eu une lettre d'Albert. Il est en ce moment un peu malade et je ne crois pas que ce soit grave. N'en cause donc pas à Voussaire ; ça leur ferait porter peine.

Je termine avant de m'endormir en pensant être près de ma Chérie dans un doux rêve, au milieu d'une pluie de baisers doux de ton Léon.

De Léon AURIEL à son épouse Félicie, 12 décembre 1915

Lucidité

Le pauvre hère que vous êtes devenu ! Ce soldat qui ne se différencie encore du clochard que parce qu'il est toujours capable de marcher au pas, de suivre la cadence, de rectifier sa position, de saluer au garde-à-vous et de présenter les armes. Mais sous l'uniforme pouilleux, sous la crasse du casque, sous la puanteur des bandes molletières et des godillots pourris, l'homme pense encore et toujours. La matière grise fonctionne tant qu'elle ne se répand pas sur le sol. Vous n'êtes pas dupe. La propagande a beau jeu de distiller ses fables et ses bobards dans des journaux qui ont au moins le mérite de tapisser vos feuillées : vous avez compris depuis longtemps que ceux d'en face étaient comme vous les victimes d'une guerre qui les broie. D'une guerre qui ne s'explique pas. Les Boches d'en face sont comme vous. Ils ont charge d'âmes. Ils ont froid. Chaque jour qui passe, chaque fête religieuse, chaque lettre envoyée ou reçue leur rappelle tout le poids de l'absence de ceux qu'ils aiment. Et si vous avez les uns et les autres ce sens du devoir qui vous pousse à défendre vos racines et votre patrie, il n'en demeure pas moins que vous comprenez bien des choses : vous n'êtes pas dupe.

Sur mon passage, on me regardait avec compassion, et chacun devait se dire à part lui : « Il doit être bien malade. » Moi, j'étais tout simplement plongé dans des pensées philosophiques, et je me tenais le petit discours que voici :

Triste est le monde dans lequel nous vivons. Ici, tout est contraste. Ce qui fait la beauté, c'est la laideur et inversement. Si tout le monde était joli, personne ne s'en apercevrait, pas plus du reste que si tout le monde était vilain. Si vous êtes fier d'avoir de jolies dents, vous avez bien tort, car vous ne devez cela qu'à votre voisin qui les a toutes jaunes. Ce qui fait le bonheur, c'est le souvenir des malheurs. Pour sentir combien l'on est bien chez soi, il faut entendre la pluie battre les vitres et se rappeler qu'on a couché dehors par des temps pareils. Pour apprécier la cuisine de sa femme, il faut, pendant de longs mois, se mettre à l'ordinaire du soldat. Pour apprécier, en plus de sa cuisine, sa femme elle-même, il faut, pendant quelque temps, goûter d'une femme acariâtre, jalouse, exigeante, insatiable. Dieu me préserve cependant d'une chose pareille.

Ce qui fera notre bonheur dans le ciel, parbleu, c'est le souvenir de notre vie, c'est la comparaison, c'est le contraste. Tel qui se réveille après un long cauchemar n'a jamais trouvé son lit si bon. Plus on est malheureux sur terre, plus on sera heureux au ciel ; de même que plus le cauchemar a été épouvantable, plus on éprouve de joie à se sentir au chaud et bien tranquille.

Drôle de monde, du blanc sur du noir, du noir sur du blanc. Il faut du noir, il faut du blanc, sans cela tout serait terne, monotone, insipide.

Je continuais ma lente promenade en songeant de la sorte, et tous les passants me regardaient avec compassion. Je me suis tout à coup rappelé que c'était l'heure de la distribution des lettres. J'ai alors interrompu le cours de mes pensées philosophiques et je me suis dirigé vers le bureau du vaguemestre. Mon pas était rapide et sonore, la vivacité prenait la place de la lassitude et chacun devait se dire à part lui : « Il va mieux. »

De Léon PÉNET à sa femme Alcée, 15 janvier 1915

Il m'est passé entre les mains une caricature du *Pêle-Mêle*. On y voit un vieillard qui raconte à ses petits-enfants des histoires terrifiantes sur la guerre d'il y a cinquante ans (1915). Les pauvres mioches ont des cheveux tout droits sur la tête. À côté, on voit un autre vieillard fumant d'un air bonasse sa pipe. Ses petits-enfants lui demandent pourquoi il ne leur raconte jamais d'histoires comme l'autre vieux. À quoi le vieillard répond : « Parce que moi, j'y étais... »

De Léon PÉNET à sa femme Alcée, 28 mai 1915

Quelle misère ! Quel sacrifice de toute sorte demandé à cette génération, aux malheureux soldats et dire que pendant ce temps il y a des hommes qui ont pour souci d'exploiter une pareille situation et de faire fortune pendant qu'ici on perd fortune, santé ; sans compter les risques cent fois par jour de perdre la vie. Pour une faute ici, il n'y a jamais de sanction assez dure, et je le comprends ; tandis qu'à l'arrière, ils peuvent commettre n'importe quelle faute, la sanction est toujours donnée si l'absolution n'est pas au bout ; c'est cela que je ne comprends pas. Avec de pareils procédés, on perd une nation pour contenter quelques individus et faire leur fortune au détriment du peuple entier. Quelle triste mentalité a gagné notre pauvre France. Quand le comprendra-t-elle ? Sept heures du soir, tout le monde est prêt pour le départ. Nous attendons le 102 à huit heures. Le sergent Gily vient me trouver pour me dire d'évacuer la tranchée jusqu'à la sape 7 de façon à laisser la place libre pour faire passer la relève. Ceci équivaut à laisser la tranchée sans défense pendant au moins quinze ou vingt minutes et cela à quarante mètres des boches. Je dis au sergent que je ne puis assumer la responsabilité de pareille chose et de dire au capitaine que s'il le veut ainsi, j'exige un ordre écrit. En effet, le danger était très grand pour agir avec si peu de prudence. Surtout avec un poste d'écoute qui est à trente mètres. Que se serait-il passé s'il y avait eu une attaque ou seulement une patrouille un peu téméraire ? Une demi-heure plus tard, le sergent revient disant que le capitaine acceptait que je ne parte qu'une fois relevé ; il avait réfléchi et compris l'erreur. […]

Extrait des carnets de tranchée de Léon AURIEL,
décembre 1915

12 décembre

Je me lève un peu tard. Comme on est heureux d'être éloigné du danger immédiat que l'on a en première ligne. Comme on se sent tranquille, le canon peut nous atteindre, c'est certain ; nous en avons la preuve devant les yeux par les grandes maisons ouvrières que nous habitons dont le toit est tout ventilé par les obus et la façade ouest en partie trouée. Qu'importe, c'est un danger lointain qu'on craint moins. La journée est maussade. Pluie fine. Les hommes se nettoient. La soirée je reçois une belle lettre de Félicie, puis je vais jusqu'à Bully pour aller un peu prier à l'église. Je sentais comme un besoin de mon cœur de me prosterner et de prier. J'arrive à l'église comme on disait la prière du soir ; quelques soldats y étaient, après la prière. On s'est mis à chanter le cantique (« Venez divin messie sauver nos jours infortunés »). Comme elle était touchante cette supplication adressée au ciel et qui semblait faite pour l'heure où nous vivons. Comme le cœur est touché et qu'on se sent tranquille après cette prière. Oui je sens que la prière est une nécessité pour l'âme. C'est un réconfort où je puise une énergie nouvelle, une force qu'on ne soupçonne pas. Ici tout est matériel. Rien ne vient vous donner cette force morale pourtant si précieuse à l'homme en ces heures de sacrifice… Personne ! L'officier. Certains ne vous parlent que de devoir, de service, de règlement. Ce n'est pourtant pas toujours avec le règlement qu'on mène les hommes ; il faut aussi y mettre un peu de cœur ; sans cela qu'arrive-t-il ? Qu'on a à faire qu'à des esclaves marchant tant qu'ils sentent le maître très proche, mais prêts à la révolte quand ils sentiront l'heure propice. Surtout avec des hommes comme les nôtres qui ont vécu quarante ans de liberté. C'est un ressort qui se comprime par la force mais ne se rompt pas et il se détend plus violemment qu'il aura été serré.

De Léon AURIEL à son épouse Félicie,
12 décembre 1915

Ma chérie,

Ça ne te dit rien le bonhomme qui est sur la carte : il paraît que la France en a besoin pour les faire tuer : quand ils seront grands, naturellement…

De Marcel à son épouse, 12 mars 1917

La traversée de Commercy se fit au pas cadencé, arme sur l'épaule. Il importait de ne pas offrir le spectacle d'un troupeau incohérent et flasque. Montrer à la population les signes extérieurs d'une troupe organisée et disciplinée. Dieu ! Que c'est long ce bourg ! Si je traînais au pas un sabre à gland de crin, comme je penserais différemment sans doute ! Mais ma baïonnette s'empêtre dans mes cuisses ; mon col tiré en arrière m'étrangle… Une-deux ! Vas-y, c'est beau ! Regardez, bourgeois, notre pas cadencé permet à votre volaille de cuire en son four !

Par hasard, en levant les yeux, j'aperçus une fillette jolie et mièvre un peu… À voir ses yeux émus et admiratifs, j'ai compris que sans doute nous étions beaux… et grands. Nous allions par là-bas, où l'on meurt, où l'on est défiguré, haché, déchiré… et nous y allons… au pas, au son des cuivres aigus… Nous portons dans nos cartouchières la mort. Nos fusils tuent. Nous sommes forts et doux peut-être… Nous sommes une bête formidable qui pourrait broyer cette enfant, sans la voir, sans entendre ses cris et sa plainte. Son admiration est une vague d'effroi et de piété. Nous sommes un énorme troupeau de formidables douleurs… Nous sommes un rempart des joies de l'amour, du bonheur… Sans accepter cette tâche, nous mourrons pour elle… Peut-être cette enfant ignorante, naïve, coquette ne l'a-t-elle pas compris. Mais elle l'a senti… son regard me réchauffe, son admiration m'a fait tendre le jarret, son sourire m'a donné du cœur… Elle était peut-être tout simplement jolie ! À mes côtés, sous son regard, mes camarades eux aussi se sont redressés… Mille rêves ont peut-être caressé leur pensée… Un charme sensible paraît les avoir touchés et parce qu'une fillette les voyait, ils eurent un regard plus serein et plus clair, une démarche plus ferme, un front plus guerrier.

Henri Aimé Gauthé,
Journal de guerre, 1917

On dit volontiers dans les journaux que cette guerre aura donné la mesure de chacun. Si c'était vrai, je n'aurais pas à être fier de ma valeur : la guerre n'a rien dévoilé en moi de remarquable et elle a éteint la plupart des qualités d'esprit ou de cœur que je pouvais posséder. Je suis devenu étranger à l'histoire, la mathématique, la littérature et misanthrope. Je déteste plus que jamais l'homme que je représente trop et qui a dépouillé le manteau de la politesse et de la bonne tenue. Il est maintenant une bête nue à mes yeux et il n'est pas beau. La guerre ne m'a pas montré une France intègre, unie, intelligente, organisatrice et douée. J'ai lu trop de faux récits, trop de prose héroïque, trop de communiqués mensongers. Je ne crois pas à la généralité du courage, des mots sublimes ; je sais la valeur des croix de guerre, des galons. Je sais comment on les gagne. Et s'ils ne prouvent pas que le titulaire n'est pas relativement à la presque hauteur de sa tâche, ils ne prouvent pas non plus qu'il est particulièrement remarquable.

Henri Aimé GAUTHÉ,
Journal de guerre, 1917

Avenir

Aujourd'hui j'ai trente ans, marraine, je m'arrête
Et regardant ma route à moitié déjà faite,
Je ne vois en arrière aucun des chers objets
À qui j'avais près de moi donné des rendez-vous secrets.
Nulle couronne d'or n'a fatigué ma tête
Je n'ai jamais souri, jeune dieu de la fête
Je n'ai pas approché d'éclatants sommets
Je n'ai rien moissonné pas même les sifflets.
N'ai-je pas de talent ? Somnole-t-il encore ?
Est-ce un glas, ce sonnet, ou serait-ce une aurore ?
Demain sera-t-il gloire, amour, néant, sanglot ?
Puisque je suis trop vieux pour mon rêve sonore
Faut-il sur ses débris planter un sycomore
Et fleurir son pied noir d'un oublieux pavot ?

D'Henri Aimé GAUTHÉ à Marie-Alice JEANNOT,
sa correspondante de guerre, 17 octobre 1917

Portrait

Sans être tout petit, je ne suis pas trop grand
À mon front large on voit tout au sommet des bosses
Je suis doux et timide avec des airs pervers
J'ai les cheveux très bruns avec des fils d'argent.
J'ai la moustache en crue du Kaiser allemand.
Ma parole facile aime les phrases rosses;
Je fais pour m'amuser des piqûres atroces.
Mon sourire est amer; mon rire décevant.
J'ai le nez gros et gras – nez de caricature –,
Ma lèvre est rouge comme une fraîche blessure.
Au fond de mes yeux danse une froide lueur.
Je suis inélégant avec désinvolture:
Je suis le chevalier de la piètre figure...
Mais une que je sais ne voit pas ma laideur.

D'Henri Aimé GAUTHÉ à Marie-Alice JEANNOT,
sa correspondante de guerre, 10 janvier 1918

En guise de testament

Peut-être ne reviendrez-vous pas... Lorsque vous marchez, courbé dans la gorge de la tranchée, vous savez très bien que cette terre qui vous entoure et semble vous protéger ne demande en fait qu'à vous engloutir. Elle est bien trop avide, cette glaise cannibale. Trop grasse, trop nourrie, trop fertile. Mais à court terme rien ne poussera. Les obus ont stérilisé le sol. Il faudra des années pour que la nature reprenne ses droits.

Mais vos enfants, que deviendront-ils? Quel monde bâtiront-ils sur les ruines que vous allez leur laisser? D'une certaine façon, si la boue vous avale, elle vous laissera le beau rôle: celui du héros disparu, de l'absent que l'on idéalise. Ils oublieront vite vos défauts comme les traits de votre visage. Vous n'aurez pas à vivre la galère des veuves et des mères, des orphelins de père. Mais c'est bien ça qui vous mine et vous pourrit la mort. Plus lourde encore que l'absence provisoire qui vous sépare aujourd'hui de ceux que vous aimez: l'absence hypothétique; l'absence définitive. Celle dont vous vous sentez coupable, parce qu'en rendant votre dernier souffle vous aurez le sentiment de les abandonner.

Mes chers petits,

Du champ de dévastation où nous sommes je vous envoie ce bout de papier avec quelques lignes que vous ne pouvez encore comprendre. Lorsque je serai revenu je vous en expliquerai la signification. Mais si le hasard voulait que nous ne puissions les voir ensemble, vous conserverez ce bout de papier comme une précieuse relique ; vous obéirez et vous soulagerez de tous vos efforts votre maman pour qu'elle puisse vous élever et vous instruire jusqu'à ce que vous puissiez vous instruire vous-mêmes pour comprendre ce que j'écris sur ce bout de papier. Vous travaillerez toujours à faire l'impossible pour maintenir la paix et éviter à tout prix cette horrible chose qu'est la guerre. Ah ! la guerre, quelle horreur !... Villages incendiés, animaux périssant dans les flammes. Êtres humains déchiquetés par la mitraille : tout cela est horrible. Jusqu'à présent les hommes n'ont appris qu'à détruire ce qu'ils avaient créé et à se déchirer mutuellement. Travaillez, vous, mes enfants, avec acharnement à créer la prospérité et la fraternité de l'univers. Je compte sur vous et vous dis au revoir probablement sans tarder.

Votre père qui du front de bataille vous embrasse avec effusion.

Vaillagou Martin, soldat au 131e territorial
5e compagnie, Suippe (Marne)

De Martin VAILLAGOU à ses deux fils Maurice et Raymond,
26 août 1914

Je lègue à mon fils André Gélibert quand il aura vingt ans
ma bague
ma montre
ma chaîne
mes fusils
mes briquets
à ma fille Huguette
mon épingle perle
ma bourse en argent
Je leur laisse à tous deux le souvenir d'un père qui les a beaucoup aimés, qui s'est fait tuer en brave pour la patrie.

Je te laisse à toi le souvenir de neuf belles années passées ensemble et tous les baisers que je t'ai envoyés au dernier moment.

De Georges GÉLIBERT à son épouse, 23 septembre 1914

Ici nous sommes toujours au milieu du danger et il ne faut qu'une seconde pour effacer notre vie, donc les enfants ayant encore besoin de soutien, faut que tu prennes toutes les précautions pour conserver ce soutien en cas de besoin.

De Martin VAILLAGOU à sa femme Eugénie, 9 mai 1915

À mon petit Armand,

Tu es encore bien jeune et ne peux comprendre ce qui se passe en ce moment: la guerre, ses horreurs, ses souffrances. Cette carte sera un souvenir de ton père, et il souhaite qu'à l'avenir les hommes soient meilleurs, et que semblable chose ne puisse plus arriver. Que jamais tu n'aies besoin, et sois forcé, de mener la vie que je subis en ce moment en compagnie de beaucoup de papas qui ont laissé, comme moi, de petits anges chez eux.

Pour t'élever, tu te trouves d'être bien pénible, mais tu te rattraperas de cela en étant dans quelques années un petit garçon bien gentil et obéissant. Le moment venu, je serai sûrement auprès de toi pour te diriger, mais si mon espoir était déçu, en mémoire de ce père que tu n'auras pas connu, redouble de gentillesse pour ta mère et pour ceux qui t'élèveront. Devenu un homme, sois du nombre de ceux qu'on appelle les honnêtes gens. Sois bon pour ton prochain, ne fais pas ce que tu ne voudrais pas qu'il te fût fait. Vénère ta mère; sois pour elle un soutien véritable.

Rappelle-toi aussi que le vrai bonheur ne se trouve pas dans la richesse et les honneurs, mais dans le devoir vaillamment accompli, ainsi que les bonnes actions.

Si le destin te donne des épreuves à subir, sois courageux et tu les surmonteras, mais si par malheur tu te laisses entraîner par le vice, les passions, relis vite mes conseils, ne te laisse pas aller à la dérive. Il n'y a que le premier pas qui coûte; une fois entraîné par le courant, on roule de chute en chute, et il arrive qu'on ne peut plus se relever. C'est trop tard. Alors, arrivé à ce point, la vie est finie. Gâchée par sa faute. Et on n'est plus bon qu'à être la risée, ou montré du doigt par tout le monde, suivant le penchant qui a perdu l'homme.

J'espère n'avoir pas à rougir de toi, car je sens que tu suivras le chemin de l'honneur.

En attendant de pouvoir te choyer et caresser, je te fais, mon petit fanfan, de grosses bises.

Joseph Thomas

De Joseph THOMAS à son fils Armand, 5 août 1915

Lettre à mon fils qui vient d'avoir neuf ans

Mon cher petit,

Tu viens d'avoir neuf ans, et cet âge charmant, le voici devenu le plus émouvant des âges. Trop jeune encore pour participer à la guerre, tu es assez grand pour avoir l'esprit marqué de ses souvenirs, assez raisonnable pour comprendre que c'est toi, c'est vous les enfants de neuf ans qui aurez plus tard à en mesurer les conséquences et à en appliquer les leçons.

Quelle belle vie, harmonieuse et pleine, nous vous aurons préparée là, si vous savez en effet, si vous voulez vous souvenir et comprendre ! C'est pour que tu te souviennes, mon petit, que j'accepte volontiers les angoisses de l'heure, tous les risques, et la séparation plus cruelle que tout, qui bouleverse le cher foyer où nous vivions avec ta mère, où nous t'avons tant choyé.

Et comme au temps où tu étais un « tout-petit », et où je t'asseyais sur mes genoux, pour te raconter des histoires ou te montrer de belles images, écoute, de toute ta tendresse attentive, des choses qui d'abord sembleront peut-être un peu graves, même à un grand garçon de neuf ans, mais que je serai plus tranquille de t'avoir dites, mon cher petit, assuré que, de ma bouche, tu t'y attacheras davantage, et tu les comprendras – oui, ton papa sera ainsi plus tranquille si, la guerre finie, il devait n'être plus là pour te les expliquer.

Tes neuf ans qui te préservent, qui te gardent à ta mère – à moi, et à la France – tes neuf ans, pourtant comme je les bénis !

Je ne me crois coupable ni de faiblesse ni de sensiblerie.

J'admire ce général, que je connais, et qui ne porte pas le deuil de ses fils, et qui n'en parle jamais – deux fils, toute sa tendresse et tout son orgueil, tombés le même jour, vingt ans et dix-neuf ans –, qui ne porte pas leur deuil « pour ne pas attrister et amollir le courage de ses hommes ».

Je l'admire, je ne sais pas si j'aurais la force de l'imiter.

Je t'aurais serré contre mon cœur et puis, sans larmes, sans cris, comme les autres, j'aurais attendu et coopéré.

Mais il ne me sera pas défendu de me réjouir si ce fut mon tour et non pas le tien, et si c'est moi qui suis parti, et que tu restes.

C'est, à mon sens, un des problèmes les plus poignants d'une guerre, de choisir par avance lesquels de ses défenseurs-nés une nation doit offrir les premiers au sacrifice.

Je dis franchement. Un homme de trente-cinq ans qui meurt est un foyer détruit, avec toutes ses responsabilités et ses charges – mais je ne puis m'empêcher de me demander s'il n'y a pas encore plus de tristesse lorsque ce qui est brutalement détruit, c'est l'espoir même du foyer.

Certes je sens combien, à quitter ma chère femme et mon enfant chéri, mon chagrin serait immense, mais du moins par eux, j'aurais eu des années de bonheur et d'amour, et l'amertume de mes regrets ne se résumera qu'à la douceur de mes souvenirs.

Je regretterai ce que je n'ai pas fait, tout ce que j'aurais dû pouvoir faire ; mais je penserai en même temps que tu es là, toi, mon fils, pour me continuer, pour réaliser ce que j'avais seulement projeté ou rêvé.

La mort de l'enfant est accablante et stérile, celle du père, une mort noble comme toutes les morts d'aujourd'hui, apparaît bien au contraire exaltante et féconde.

Comprends-tu maintenant, mon petit gars, tout ce que nous avons mis en vous, nous les pères, à cette heure grave, tout ce que nous attendons de vous, fils de neuf ans, et pourquoi je dis qu'en partant les premiers nous aurions la meilleure part ? Car si Dieu ne permet pas que la fin de la guerre nous réunisse comme autrefois, au lieu du vide affreux, du morne désespoir où m'eût plongé ta perte, ma dernière pensée aura été réconfortante et douce, celle du souvenir et de l'exemple que j'aurai tâché de laisser.

Aux armées, le 11 octobre 1916

Lieutenant Després

D'Albert-Jean Després à son fils Albert, 11 octobre 1916

Regards d'enfants

Vous semblez si sages et si rangés, vous, les enfants d'avant-guerre, les enfants des cartes postales et des photos de famille, lorsque vous jouez au ballon, à la poupée, à la toupie, aux billes, au cerceau, à la marelle, à colin-maillard, aux quilles, à la grenouille. Vous avez, pour les plus privilégiés d'entre vous, des patinettes et des jeux de société… Vous posez dans les ateliers des photographes de province devant des décors 1900… Vous collectionnez les images de réclame, les chromos offerts par le magasin du Bon Marché, par la compagnie Liebig, par diverses marques de chicorée ou de chocolat, par des confiseurs, ou par les « bonnes maisons » qui font la gloire des rues commerçantes. En 1904, la firme du chocolat Poulain organise un concours d'écriture pour ceux d'entre vous qui ont moins de seize ans, et qui est doté de cinquante mille francs de prix ! Vous allez peut-être faire partie des douze mille enfants qui vont calligraphier en anglaise, en ronde et en bâtarde, sur une feuille de papier insérée dans les tablettes de chocolat, la phrase « Le meilleur chocolat est le chocolat Poulain, goûtez et comparez ». Dans les tablettes de chocolat Poulain Orange, vous trouvez même en 1914 des billets de faveur qui offrent une entrée à demi-tarif dans cent dix salles de cinéma…

Mais la vie n'est pas toujours si douce et vous n'êtes pas majoritairement favorisés ; loin du centre des villes et des beaux quartiers, beaucoup parmi vous travaillent avant l'âge légal, malgré l'école obligatoire ; le peuple gronde ; les midinettes – arpètes, couturières, modistes – se sentent opprimées ; des ouvriers, des mineurs, des cheminots, des vignerons et des postiers se révoltent. Votre France du début du XXe siècle est une France de la campagne. Pour vous rendre à l'école, quand vous habitez la campagne, vous n'avez le plus souvent ni bottes ni souliers ; vous marchez dans des sabots et vous mettez de petites pantoufles en classe pendant que vos sabots sèchent ; vous n'avez en fait rien à voir avec les enfants pomponnés qui ornent les livrets de famille remis à vos parents le jour de leur mariage : avec ces enfants tirés à quatre épingles qui participent à la veillée familiale dans des salons bourgeois…

Séparation

La trace de l'absent est toujours marquée par l'instant de la séparation. Cage d'escalier, pas-de-porte, quai de gare : mobilisation, fin de permission, départ. Votre père s'éloigne ; un train l'emporte ; et vous ne savez pas si c'est pour quelques mois, pour quelques années ou pour toujours. Et même s'il en revient, vous garderez toujours au fond du cœur la cicatrice de l'instant de son départ, cette petite fêlure dans l'âme, cette expérience du vide de l'autre que rien ne comble.

Lorsque Georges Congar, votre père, est déporté par les Prussiens dans un camp de Silésie le 6 janvier 1918, il reste très digne ; il ne veut pas vous affoler. Il ne sait pas quand la guerre finira ; il ne sait pas s'il reviendra. Vous êtes quatre enfants : Yves, Marie-Thérèse, Robert et Pierre ; et chacun de vous relate à sa manière dans son journal intime les instants dramatiques de son départ ; et c'est la juxtaposition de vos quatre regards qui donne à cet événement un relief tout particulier…

Le matin, on distribue aux otages un ravitaillement supplémentaire : une boîte de lait, vingt biscuits, beurre, fromage, cinq livres de pain. Ils ont reçu l'ordre de prendre des vêtements chauds. Le matin, les grands vont porter la valise dans une baraque près de la Tankstelle 233. L'heure approche, ce sont les derniers moments : le dernier repas pris ensemble, à la santé de leur prochain retour, puis, l'après-midi qui passe sans grands incidents, enfin la dernière heure, l'heure des adieux, des embrassements, des étreintes… les dernières peut-être, alors là, les sentiments d'inquiétude, de souffrance envahissent mon cœur, alors j'ai envie de pleurer, Papa ira à la gare avec ses garçons seulement, nous descendons : eux marchent un peu en avant et moi un peu en arrière, le long du mur, et je regarde les maisons, détourné des passants, car je me serre les lèvres et mes yeux se tendent, de temps en temps, je fais un effort, j'avance de deux pas et regarde tout le monde, mais cet effort ne peut durer. Nous rencontrons certaines personnes qui témoignent leur sympathie aux otages de leur mieux, nous traversons la ville et chacun sur notre passage se retourne. En face de la Tankstelle, un attroupement, nous arrivons avec Laroche J. qui nous a accompagnés, alors Papa nous prend à part et là nous dit: «Je crois que je reviendrai, mais il est bon de prévoir tous les cas. Si je ne reviens pas, à toi Pierre je te donne le bureau qui est chez Marie, à toi Robert la garniture de cheminée, à Mimi la commode du bureau, à toi Vonet la montre de l'oncle Victor. Je vous embrasse bien, adieu, pensez à moi, brûlez les papiers que je vous ai dits, adieu.» Puis il nous embrassa et entra dans la baraque où il faisait étouffant. Aussi en avait-on ouvert les fenêtres, tout le monde était là fort ému, et devant ces fenêtres se faisaient les derniers adieux: «On appelle Mme Lacroix» – «Me voilà» – «Où as-tu mis ma serviette avec les vivres?» – «Elle est là» – «Merci, là, viens que je t'embrasse» – baisers – «Où est Loulou, viens Loulou». Enfin, un gendarme arrive et met fin à ces entretiens, tout le monde se dissipe, les larmes aux yeux, mais nous trois, Henri et Théâtre demeurons avec le traîneau de Théâtre. Nous attendons longtemps lorsque enfin arrivèrent les otages des campagnes, pauvres gens pris à l'improviste et portant un petit ballot sur l'épaule; ils rentrent dans la baraque. Encore une longue attente, la nuit tombe, lorsque nous voyons sortir un otage: M. Péleraux, nous allons à lui et demandons: «Eh bien, quoi de neuf, on vous relâche?» – «Moi je suis relâché avec d'autres, mais je ne sais pas qui» – puis un second, un troisième, enfin, cinq otages sortent, nous attendons, inquiets, personne des nôtres ne sort. Les Boches en ont lâché cinq: l'abbé Lanson, M. Péleraux, M. Vattieux, M. Lombart, M. Bertrand, M. Massin. On les interroge, ils ne savent rien, alors, une fenêtre s'ouvre et apparaissent MM. Facquiers, Congar et Théâtre, qui se mettent à nous causer: «Il fait fort chaud.» Nous ouvrons la fenêtre, parlons à voix basse et là s'échangent les dernières poignées de main, les dernières recommandations, les dernières étreintes, les derniers adieux, alors M. Péleraux s'approche et dit: «Messieurs, je vous jure ma parole d'honneur, je ne suis pour rien à mon relâchement, je vous le jure» – puis M. Lombart arrive et donne à Papa deux bouteilles de café. Puis M. Vattieux qui s'offre en remplaçant s'il y a un malade parmi les otages: personne ne dit mot, et cependant, il y en avait des malades, mais il y avait avant tout des gens d'honneur qui auraient considéré comme une tache toute faiblesse dans leur devoir. Enfin, voyant que tout serait inutile, nous résolûmes de partir et de revenir demain, or il fait une nuit fort sombre et nous profitâmes pour rafler dans la petite vitesse deux mille trois cent cinquante-huit briquettes énormes, les mîmes sur le traîneau, moi par-dessus et, après avoir passé le pont nous trouvâmes sur l'avenue, là devant nous, une voiture : un dernier coup de collier, et nous nous accrochons après, nous arrivons au but lorsque tout à coup, la voiture se met au trot, nous courons, les briquettes tombent, on les relève, enfin, on touche la voiture. Enfin, avec mille précautions, nous revenons chez nous, ragaillardis par cette capture. La première impression que j'éprouvai c'est une impression de solitude, la cuisine était là resserrée, mal éclairée, bourrées et assises, lisant, deux femmes. Tere et Mimi ; oui désormais le foyer allait être bien vide, surtout dans les débuts... Enfin que dire après tout cela ; je suis fort las et laisse mon journal qui doit présenter bien peu d'intérêt, mais enfin excusez-moi, j'ai essayé de vous dépeindre les événements, de vous montrer ma pensée et chaque soir j'ajoute une prière à la prière d'ordinaire, pour mon père et pour les otages.

Journal d'Yves CONGAR, quatorze ans,
dimanche 6 janvier 1918

Papa est très calme, très bien portant. Il nous embrasse très tendrement en nous disant au revoir ; nous mettons toute notre âme dans notre baiser pour qu'il se sente protégé par lui quand il ne nous verra plus. Nous restons calmes pour ne pas l'amollir (les larmes amollissent). D'ailleurs Mère lui a donné un portrait de la famille petite qui est encore très ressemblant. Nous restons tous sur le perron pour le voir partir...

Journal de Mimi CONGAR, 6 janvier 1918

Mon père nous causa un dernier moment avant son départ, nous recommandant beaucoup de choses sages et nous disant de veiller à ce que Maman se ménage. Il nous parla aussi de ce qu'il nous faudrait faire pour nos propriétés, et pour d'autres choses. Il appela Vonet et lui dit d'être bien gentil avec Maman. Puis, nous attirant vers lui, nous embrassa très tendrement. Nous nous dîmes au revoir. Lui et nous étions émus. Qui sait ?...

Journal de Robert CONGAR, 6 janvier 1918

Maintenant il faut se séparer; Papa résume ses recommandations; puis il nous remet le rôle de chefs de la maison, il faut que les événements nous fassent hommes. «Puis, dit-il, comme on ne sait ce qui peut arriver, comme souvenir de moi, Pierre doit avoir le bureau, Robert le dessus de cheminée Empire, Mimi la commode, et Vonet la montre en or de l'oncle Victor.» Puis il nous embrasse et entre dans le bâtiment.

Journal de Pierre CONGAR, 6 janvier 1918

Solitude

Votre père est si loin... Son baiser, sa chaleur, son odeur vous manquent le soir au coucher, quand votre mère vient d'éteindre la lumière ou de souffler la bougie, quand vous enfouissez votre visage dans votre oreiller. Demain vous lui écrirez. Vous dessinerez, vous griffonnerez pour lui. Vous vous appliquerez sans doute en tirant la langue à moins que votre mère ne vous tienne la main. Vous déposerez votre écriture maladroite à la plume sergent-major sur des cartes, dans des lettres, dans des cahiers d'écolier transformés en journaux intimes. Vous utiliserez, sous l'influence de votre mère, des cartes postales représentant des enfants, quand vous n'enverrez pas votre propre portrait transformé en carte postale...

Papa chéri,

Je t'envoie le drapeau de la Victoire, il nous viendra couvert de gloire en 1914 et tous les chers papas rentreront dans leur foyer.

Ta petite Suzette

De Suzette à son père

Mon petit Père chéri,

Ne pouvant t'embrasser le matin et le soir, j'embrasse bien fort ta photo et m'endors même avec. Ton petit Roger qui t'aime à la folie et qui t'envoie ses meilleures caresses et baisers. Maman ainsi que Grand-Père, Grand-Mère, mes tantes se joignent à moi.

Roger

De Roger à son père

Mon cher Papa,

J'ai eu huit ans hier, maintenant je suis une grande fille. Reçois, cher Papa, mes plus doux baisers.

Aimée

D'Aimée à son père, 29 octobre 1915

Mon petit Papa chéri,

Comme je voudrais que tu sois là pour passer la Noël ! Je t'embrasse bien fort, mon petit Papa. Ta petite Renée qui t'aime bien.

Renée

De Renée à son père

Mon petit Papa,

Je te souhaite une bonne année, c'est pour que tu reviennes bien vite. Je suis bien contente de t'écrire ces deux mots, car cette année sera l'année du bonheur. J'espère que 1918 amènera ton retour.

Geneviève et Madeleine

De Madeleine et Geneviève DE GIEYSZ à leur père Alexandre, 12 décembre 1917

Je suis sage, mais tu me manques

Votre père est si loin... Dans chacune de vos lettres, il faut lui donner quelque chose : un gage de sagesse, de bonne conduite. Lui dire que vous pensez à lui. Qu'il est présent dans vos pensées ; à chaque instant. Que vous essayez de combler son absence auprès de votre mère. Traduire dans les vagues de votre écriture les petites attentions dont chaque jour d'absence le prive si cruellement.

Mon cher Papa,

Je n'ai pas de devoirs ni de leçons aujourd'hui et en profite pour t'envoyer ce petit mot. Mon tonton Alphonse m'a envoyé cette carte pour que je te l'envoie. C'est une grande de la classe à Yvonne qui nous a fait l'école, car Mme Labé avait son mari en permission et elle a été se promener. Mon cher Papa, je vais tâcher de m'appliquer pour devenir la première. Nous sommes toujours en bonne santé. Nous t'embrassons tous bien affectueusement. Ta petite fille qui t'aime.

Madeleine

De Madeleine à son père, lundi 3 janvier 1915

Cher Papa,

Je vais te dire que je reviens de la messe. Il y avait beaucoup de monde. Je vais te mettre dans l'enveloppe une branche de buis que tu porteras sur toi. Ça te portera bonheur. Maman va mieux. Je m'empresse de t'écrire parce qu'on va manger. Louis travaille toujours. Il est en bonne santé. Ainsi que toute la famille. Et toi, vas-tu toujours bien ? Aujourd'hui dimanche, on n'a rien reçu de toi. Ne te tourmente pas si je t'écris pas souvent, c'est parce que je ne trouve rien à dire. Je t'écrirai plus souvent maintenant. Maman t'a écrit ce matin et Suzanne va commencer à t'en écrire une. Tu me demandes des nouvelles de Vévette. Elle va toujours bien, mais elle grandit pas. Elle est toujours gentille.

De Clotaire Rabourdin à son père, Fleury, 28 mars 1915

Cher petit Papa,

Je te souhaite une bonne et heureuse année et reviens vite avec nous. Je t'embrasse bien de tout mon petit cœur, ta petite fille qui t'aime.

Georgette

De Georgette à son père

Mon petit Papa,

Maman m'a dit que tu allais me porter une petite poupée. Je suis bien content. Je suis bien sage et t'embrasse de tout mon cœur. À bientôt.

Ton petit René

De René à son père

Mon petit Papa chéri,

Maman a reçu ce matin ta lettre du 16 septembre. Je rentre tout de suite du catéchisme, j'ai bien su ma leçon. Je t'assure, mon petit Papa, que le curé n'est pas méchant. Je t'embrasse bien fort, mon petit Papa, ainsi que ma petite sœur, ma maman, grand-mère et Folette.

Madeleine et Geneviève
De Madeleine et Geneviève DE GIEYSZ à leur père Alexandre, 4 octobre 1916

Mon petit Papa,

Pendant toute l'année j'ai été bien sage, alors je crois que le petit Père Noël viendra remplir mes sabots, et ne pas t'oublier non plus. Sur mon dernier cahier, la maîtresse a mis « Geneviève est une bonne petite élève ».

Ta petite Vévette qui t'embrasse
De Geneviève DE GIEYSZ à son père Alexandre, 13 décembre 1916

Mon cher Papa,

C'est avec plaisir de voir la nouvelle année arrive pour venir te souhaiter mes meilleurs vœux de bonne et heureuse année ainsi qu'une parfaite santé et une bonne chance, afin de revenir cette année avec nous pour toujours et voir la fin de cette guerre cette année. Maintenant je vais te dire que j'ai labouré un jour dans les terres noires, mais maintenant le Brabant est dans l'eau, on ne voit plus qu'une épaule et je vois que je ne suis pas prête de labourer maintenant. Mes poulains ne sont pas foulés pour le moment, mais de ce temps-là on va au bois dans la forêt et on a été en chercher une charretée avec Robin. Enfin mon cher Papa, je ne t'en mets pas plus long car la carte n'est pas grande. Nous avons beaucoup perdu tous les deux, car on ne va plus à la cave déboucher le vin blanc à Maman.

De Georgette à son père, 28 décembre 1916

La vie, la guerre

La guerre est cruelle, mais la vie continue. L'enfance garde ses droits. Ses découvertes, ses gourmandises, ses anecdotes, ses chagrins dérisoires. Elle garde surtout le droit du regard de l'enfant : regard incisif, regard limpide, regard précis qui enregistre, qui filme le monde des adultes dans toute sa tragique vérité.

Lundi 27 juillet 1914 : On commence à faire quelques provisions. Les choses deviennent sérieuses. Les banques sont assaillies.

Jeudi 30 juillet 1914 : On retire l'argent de la Caisse d'Épargne. On n'échange plus d'argent étranger. On ne donne plus d'or. On n'a que des pièces de cinq francs.

Dimanche 2 août 1914 : On n'avait pas du tout envie d'aller à la messe, mais on y va quand même. M. le curé Bonel a dit un petit mot très gentil et très bien pour remettre le cœur des femmes dont le mari était parti.

Mardi 25 août 1914 : Nous avons très bien dormi. On nous éveilla de bonne heure pour que Vonet range les soldats qu'il avait dérangés. On déjeune. Une heure après, je vois arriver les grands. Pierre était très rouge et Robert tout pâle ; ils tremblaient très fort. Ils arrivèrent à bicyclette en disant : « Les voilà ils nous suivent ! » [...] Deux minutes après, la fusillade commence.

Nous allons à la salle à manger et au moment où ces cochons passaient, on fermait les volets. À ce moment, une fusillade gigantesque se fit entendre. On entendit le galop des chevaux. Ils chargeaient. Un gros plouf, un second, et nous sommes partis presque en courant. Le canon commença. Tout le monde s'assit dans la petite chambre. On entendait les obus siffler ; ils faisaient poumm... zsuiii... poum. On se demande si notre dernière heure n'est pas venue.

Mercredi 2 septembre : Un capitaine nommé Caspari vient ; il a avec lui plus de deux cent cinquante hommes. Ils amènent une cuisinière roulante et ils tuent une vache, dont nous avons les restes.

Jeudi : Arrivée d'un autre capitaine, Nemnich.

Vendredi : Ce cochon-là a laissé sa grosse et sa petite commission dans le pot. Il prend le thé. Il boit du vin dans le thé. Il a mal à l'estomac. Ils pillent le vin. L'ordonnance mange deux poules et fait un énorme renvoi. Le Memnich prend deux poules aussi. Ils mangent des pommes cuites.

Extraits du journal de Marie-Louise CONGAR, 1914

Mon cher Papa,

Maman a trouvé qu'une des bagues était petite et m'allait très bien. Elle me l'a offerte en ton nom et j'en suis ravi. Je ne la quitte plus matin et soir. Je couche avec et à l'école les garçons voudraient en avoir une, car ils sont envieux. Tous les jours je la fais briller et elle est magnifique. Je te remercie donc de tout mon cœur. Elle est juste à ma taille et me plaît infiniment. Merci encore. Maman t'écrit une lettre et Kiki un petit mot en même temps que moi. Je t'embrasse de tout mon cœur, mon cher Papa, en attendant le jour où nous nous retrouverons tous les quatre et pour toujours.

Ton fils qui t'aime
Jean Zay
Romancier

De Jean ZAY à son père, hiver 1914

C'est la veille de Noël et nous nous réjouissons mieux cette année, car celle-ci se révèle meilleure que celle que nous finissons.

Il fait très froid, Papa est otage la nuit: drôle de réveillon qu'il va passer et nous aussi; il n'y a pas de messe de minuit. Une année auparavant, on allait en sabots dans la neige avec son petit falot, une capeline passant sur la vieille route sur laquelle donnaient les lumières des fenêtres à l'église où vacillaient, dessinant les formes de l'autel, les chandelles allumées, où au fond dans une crèche était couché notre Sauveur: tant de voix montaient vers le ciel en chant des cantiques!! Maintenant sur la vieille route que souillaient les pieds étrangers tout est morne et silencieux, c'est ces restes qui fument encore, c'est l'église calcinée, c'est collée contre le mur l'affiche où parle la menace, c'est la raison du plus fort, c'est l'invasion et c'est la ruine: c'est la plainte des malheureux qui n'ont pas une mie de pain, c'est la rancune contre cette race qui pille, brûle et nous captive, c'est le pays fermé à sa patrie où passe en chantant «Gloria! gloria!» entre les mains de ces voleurs nos choux, nos poireaux et nos biens, c'est la ville qui se courbe sous la rançon du vainqueur, sous l'oppression du plus fort, sous l'injustice de l'agresseur, c'est là que va en murmurant la haine qui ne fait qu'accroître et qui bientôt en débordant comme l'eau dans un vase plein sera capable dans dix ans de rendre à notre envahisseur ce qu'il mérite, sans ménager les intérêts.

Journal d'Yves Congar, dix ans, jeudi 24 décembre 1914

J'ai vu un train qui était plein de soldats qui partaient pour le front, ces soldats chantaient parce qu'ils étaient courageux. Ils ne pensaient pas que peut-être quelques-uns y mourront. Ils étaient habillés de gris, couleur de la terre, c'est par ce moyen qu'ils ne se voient pas d'aussi loin. Ils chantaient *La Marseillaise*, car c'est le chant patriotique français. Tous les pays n'ont pas le même chant.

Cahier de Florin ROUX, composition française,
vendredi 7 mai 1915

On met une tombe à feu Toto

lorsque sur ces pieuses dépouilles,
nous mîmes en tremblant une pierre
devant les oiseaux qui gazouillent
dans les rochers et dans les lierres

devant la guerre et ses maux,
devant le ciel devant Dieu,
devant ce cher drapeau
devant ce sinistre lieu,
je le jure bien pour la vie
mon cher chien, mon bon Kiki
Patrie ! toujours je te serai fidèle.

et si en ce moment je ne suis soldat
je te sers en souffrant la mort d'un héros
va, mon chien, fais ton devoir, va ! va !
quitte tes compagnons et quitte ce drapeau
bonne bête victime sanglante de la guerre
toujours en ma mémoire, ton portrait est gravé
car tu m'étais bien cher, oui ! cher ! bien cher !
et encore de plus depuis qu'on t'a tué !
sur la tombe innocente d'un héros de la France
trois bouquets bien blancs reposent sur son cœur
l'un est la pureté, l'autre la délivrance
et le troisième, le pardon de ses exécuteurs.
Encore sur ma poitrine je sens ce poids si fort
et lui sur son cœur, il sent ma pensée.
Ce chien, il n'est plus, maintenant il est mort
mais dans ma conscience, il est encore gravé.

Journal d'Yves CONGAR, dix ans, 1er juin 1915

Mon cher Papa,

Nous entrons dans le seizième mois de la guerre ! Que c'est long !

Le premier mois ont eu lieu les fiançailles de Gabrielle et de Tatave. Je me suis régalé comme jamais ; voici le menu :

« Potage velouté

Brochet sauce riche

Bouchées à la reine

Filet de bœuf à la Daumont

Poulet au cresson

Salade

Petits pois à la française

Glace Jeanne d'Arc

Petits-fours

Fruits

Graves, bordeaux, champagne Moët et Chandon »

Quelle régalade ! Mais il faut que je te raconte notre soirée en ordre. Nous étions partis de chez nous vers sept heures et demie, nous avions chacun un bouquet de fleurs. Il faisait un temps horrible, le vent sifflait, la pluie tombait et les arbres gémissaient. En arrivant, on offrit nos bouquets. Il y avait : Grand-Père, Grand-Mère, Tatave, Robert, Édouard, Maman, M. Hartmann, Mme Hartmann, Jacqueline et tante Mimi qui était venue exprès de Paris. Un magnifique couvert était mis. Les serviettes étaient disposées en éventail dans nos verres. Chaque personne avait un menu écrit par Tatave et avec un dessin. Aucun dessin n'était pareil. On s'assied. Voici comment on était placé. Moi, Tante Mimi, Grand-Mère, M. Hartmann, Maman, Robert, Yaki, Grand-Père, Gabrielle, Tatave, Mme Hartmann et Édouard. On mangea le potage en silence. Ensuite, tout le monde se mit à causer. La glace Jeanne d'Arc nous régala. Je récitai des poésies. Kiki aussi. Pendant tout le dîner, nous fûmes servis par une servante tandis qu'une autre faisait la cuisine. Au dessert, entre d'autres bonnes choses, il y avait des noix en imitation, des cerises (imitation tous) et des tuiles en chocolat. Je bus du champagne pour la deuxième fois. Kiki pour la première fois. Elle avait fait deux poésies aux fiancés. On s'est bien amusés. Mon cher Papa, je t'embrasse de tout mon cœur en faisant des vœux pour que tu reviennes rapidement.

Ton fils qui t'aime, Jean Zay

De Jean Zay à son père, 8 novembre 1915

Depuis que les Boches sont ici, on ne vit plus. Ils ont des exigences vexantes, des affiches de toute sorte et on espère que ce sera quand même fini pour avril ou mai. Plus tard, après la guerre, on ferait bien d'accepter le mot « Boche » dans l'Académie. C'est pour le coup qu'ils seraient en rogne. Quand on pense qu'ils prennent tout, jusqu'aux balais, pinceaux et balais de cabinets !!! Il ne restera rien quand les Français reviendront, même pas de paille ni de foin pour les coucher, même pas un bœuf pour leur faire la soupe. Mais on trouvera quand même assez d'hommes pour poursuivre les Boches avec eux et bien des armes sortiront de terre, bien des drapeaux se montreront aux fenêtres le jour de leur fuite.

Journal de Marie-Louise CONGAR, mardi 29 décembre 1915

Jeudi 11 mars 1916 : On entend le canon.

Vendredi 12 mars 1916 : Il fait beau. Je recommence mon piano. On donne à la population : 1 kilo de sel, 1 kilo de sucre, 1 kilo de gruau pour dix jours. Les Anglais sont à Neuchâtel à quinze kilomètres au-dessous de Reims. Vonet hier a craché sur un Boche.

Dimanche 18 avril 1916 : On va à la messe. Les chiens doivent payer cinq francs par mois ou alors on les tue.

Mercredi 6 octobre 1916 : On entend le canon. Le beurre ne doit pas ni venir de Sedan ni des environs. Si quelqu'un en fait, il est sévèrement puni. Tout beurre venant de Belgique est pris. Nous n'avons déjà que : du pain véreux ; des os dégarnis ; nous mangeons une espèce de mou. La rate et le ragoût. Nous faisons du jus de fruits. Le grain de millet, au lieu de 8 sous le litre, se paye 4,50 francs. Le pétrole, 7 sous en temps de paix : 4,50 francs… Nous n'avons plus de beurre, plus de lait, plus de pâtes, du lard de phoque qui sent parfois le rance, mais nous en avons suffisamment.

Journal de Marie-Louise CONGAR, 1916

La Vie orléanaise

Journal d'un civil

Déjà au bon temps de la paix, Son Excellence le suicide n'était pas très considéré. Nul n'ignore que l'Église catholique refuse expressément les dernières prières à ceux qui ont avancé le jour du départ de la vallée des larmes. Aujourd'hui, les conditions sont encore plus rigoureuses. Outre le catholicisme, il doit être maintenant considéré comme un crime d'abréger ses jours. Il y a le front, et que les désespérés de la rue du cheval rouge aillent s'y faire massacrer plutôt que de se trouer le crâne eux-mêmes. C'est la seule besogne à laquelle les Allemands peuvent nous servir.

«Le Civil»

Journal de Jean ZAY, *Le Familier*, semaine du 3 au 20 juin 1918

Depuis quelques jours, nous voyons dans les communiqués le rôle important que les Américains tiennent dans cette bataille. Arrivés à peine depuis quelques mois sur notre terre, ils entrent tout de suite dans la grande bataille, et terrain par terrain, luttent pour notre liberté comme nous avons lutté pour la leur autrefois. Mais il est permis de faire une remarque: avec La Fayette, nous avons fait la guerre très peu de temps. Avec les Boches, les Américains ne savent pour combien de temps ils sont embarqués dans la guerre. Avec La Fayette, nous luttions contre les Anglais qui étaient déjà nos pires ennemis; nous satisfaisions donc un peu aussi notre ressentiment personnel. Avec les Boches, les Américains n'avaient aucun mauvais rapport et rien ne les forçait à payer notre dette. Ils l'ont fait quand même et par-dessus l'océan les deux Amériques sœurs se tendent fraternellement la main: le jour viendra où toutes deux, baignées de la lumière de la civilisation, marcheront au progrès, la main dans la main.

Henri Lominey

(l'un des vingt pseudonymes de Jean Zay dans son journal)

Journal de Jean ZAY, *Le Familier*, samedi 8 juin 1918

Dialogues

Le premier fils

Vous êtes Jeanne Dugas-Vialis, épouse Longevialle. Votre mari est mort il y a trois ans, cinq ans après votre fils aîné emporté par le typhus. Il vous reste quatorze enfants dont dix fils, tous mobilisés… Joseph a trente et un ans. Il va être le premier de vos cinq fils qui ne reviendront pas de la guerre, puisqu'il sera tué le 27 août 1914.

Mon cher Joseph,

Je reçois ta lettre ce matin. Nous nous préparons tous aux pires événements ! Je vois que tu es prêt aussi ! Espérons que le bon Dieu aura pitié de nous ; l'épreuve sera terrible, mais il n'arrivera que ce que le bon Dieu voudra. Je vous confie tous à lui, fais ton devoir, mon cher petit : c'est ce que j'écris à tous. Soyez prêts à paraître devant Dieu et purifiez votre âme avant de partir par une bonne confession. Mon pauvre Maurice m'écrit ce matin qu'ils sont prêts à Belfort à endosser leurs effets de guerre ; il s'est confessé, a fait le sacrifice de sa vie, le pauvre garçon m'a fait ses adieux… Guérin se prépare aussi. Loulou croit que tout s'arrangera, mais je crains qu'il ne se trompe… En cas de mobilisation, il me laissera sa femme et son enfant ; Marguerite restera là aussi. J'ai été à Lyon mercredi. J'ai retiré tout l'argent disponible. Tout est en sûreté. Mais toi : tu me dis que tu laisses des titres dans un tiroir de ta chambre ! Il faut que tu les déposes à ton compte de la Société Générale ; c'est important ; tu ne peux les laisser là. Dépose aussi l'argent que tu auras en trop. À Lyon, toutes les banques étaient assiégées, surtout la Caisse d'Épargne de la rue de la Bourse qui était noire de monde. Nous avons eu hier à déjeuner notre curé avec M. Dillet qui viendra remplacer notre curé qui part aussi en cas de mobilisation. Que d'épreuves nous attendent ! Après la guerre, la révolution peut-être ! Enfin, à la grâce de Dieu, que sa volonté soit faite ! Qu'il renouvelle la face de la terre et sauve notre beau pays !

À Dieu mon Joseph. Je te bénis en t'embrassant, toi le meilleur des fils qui ne m'a jamais donné que des consolations. Je te confie à ton bon ange. Écris-moi le plus possible.

Ta mère qui t'aime
J. de L.

P.-S. : J'écris à André et lui dis qu'il te parle par téléphone pour ses vingt-huit jours qu'il voudrait faire retarder, mais s'il y a mobilisation, tout est changé…

De Jeanne DE LONGEVIALLE à son fils Joseph, cinq jours avant la date de mobilisation générale, 29 juillet 1914

Ne vous inquiétez pas, ma chère Maman… Ne seriez-vous pas fière d'avoir dix fils à la guerre ! Et quand bien même il en resterait quelques-uns ! Quelle consolation pour vous et pour ceux qui resteraient de penser que ceux qui ne sont pas revenus sont morts glorieusement et en faisant leur devoir !

De Joseph DE LONGEVIALLE à sa mère, 29 juillet 1914

La guerre se présente dans d'excellentes conditions pour nous, et au point de vue national, il serait bien à souhaiter qu'elle ait lieu ! Nous ne retrouverons jamais pareilles circonstances ni semblable occasion. Ici, on l'accueille avec un peu d'émotion, mais avec sang-froid, calme et sympathie. Ceci est très réconfortant !

De Joseph DE LONGEVIALLE à sa mère, 1er août 1914

Cette fois, j'ai une grande nouvelle à vous donner, j'ai reçu le baptême du feu… et quel feu !… et pour un premier engagement, ça n'a pas été trop mal ! Mes mitrailleuses ont fait merveille ! Quant à moi, je m'en suis bien tiré avec une égratignure à la main gauche, une balle m'a passé entre les doigts en me contusionnant légèrement. C'est une heureuse blessure ! Je suis bien heureux d'avoir eu pour mes débuts une aussi belle bataille, mais ça a été rude et j'avais bien cru ma dernière heure arrivée. Le colonel vient de m'appeler et de me dire qu'il me proposait pour une citation à l'ordre de l'armée… Mon cher Papa serait content de moi je pense, s'il vivait encore, et j'en suis très fier ! Priez encore et toujours... Courage et bon espoir...

De Joseph DE LONGEVIALLE à sa mère, 18 août 1914

À la suite du combat du 14 août à Ancerviller: pour sa belle conduite au feu, sous des rafales d'artillerie et de mousqueterie extrêmement violentes, en continuant le tir de la section de mitrailleuses qu'il commandait, et en contribuant ainsi à maintenir le moral d'un bataillon fortement éprouvé, M. le lieutenant Falcon de Longevialle.

Citation de Joseph à l'ordre de l'Armée,
Journal officiel du 13 septembre 1914

Bébé facteur

Vous n'êtes que le marin breton Louis Guéno, égaré trop loin de la mer, dans la glaise des champs de bataille. Votre fils Pierre est né le 9 juillet 1914, quelques semaines avant la guerre et, quand vous lui écrivez, vous savez très bien qu'il est incapable de vous lire, et que vos lettres ne sont rien d'autre que des bouteilles à la mer adressées à un enfant dont vous voudriez ne pas effrayer la mère.

Mon chéri,

Je t'envoie cette carte pour te dire que ton papa attend avec impatience de revoir son Pierrot qu'il aime de tout son cœur. J'écrirai à la maman ce soir, car je repartirai au travail. Ton papa qui t'embrasse bien fort et qui t'embrasse pour la vie.

Embrasse bien la maman pour moi,

Louis Guéno

De Louis GUÉNO à son fils Pierre âgé de sept mois, 27 février 1915

À Monsieur mon Papa Guéno en guerre,

Merci de ta carte. Je t'envoie aussi la mienne.

Je t'embrasse bien fort.

Ton Pierrot

Réponse de Pierre GUÉNO à son père Louis écrite de sa main...
tenue et guidée par celle de sa mère, mars 1915

28 septembre 1917

Mon chéri, je pars aux tranchées ce soir. Embrasse bien la maman pour moi. Ton papa qui t'aime et pense à toi,

Louis Guéno

P.-S. : Écrivez demain !

Lettre de Louis Guéno à son fils Pierre qui a trois ans et ne sait toujours pas lire…

À Monsieur Pierre Guéno
Classe 1934
36, passage Saint-Ange, Paris
Montigny-sur-Vingeanne, le 7 juillet 1921

Mon cher Pierrot,

Je viens te souhaiter un heureux anniversaire. J'aime à croire que tu as bien plus le sourire que le 9 juillet 1914 lorsque ta maman t'a trouvé dans un chou à Mandeure, tu faisais alors une triste figure. Voilà que tu as sept ans. Tu es déjà un grand bonhomme. Embrasse bien ton papa et ta maman pour moi et reçois les meilleurs baisers de ton oncle Louis, l'ancien poilu.

Louis Robinet

Lettre de Louis Robinet, ancien poilu, à son neveu Pierre Guéno âgé de sept ans, 7 juillet 1921

Lettres à l'absent

Les lettres qui suivent vous sont destinées : vous vous appelez Albert-Jean Després. Vous avez trente-sept ans. Vous avez été tué le 21 avril 1918 au cours de la bataille des Flandres dans la région des Monts Rouge et de Vidaigne. Vos lettres continuent cependant de parvenir à votre fils Albert et à votre épouse Antoinette. Ils vous répondent et commencent à s'inquiéter au fil des jours, ne sachant pas qu'ils dialoguent avec la mort.

Mon cher petit Papa mignon,

Aujourd'hui nous avons reçu des nouvelles de toi, mon cher petit Papa mignon. Il est arrivé encore des émigrés et il est venu aussi la modiste. Je viens d'aller chercher des colis à la gare avec deux de mes petits camarades. Nous nous sommes roulés les uns aux autres. Mon oncle Émile est arrivé vendredi soir et Madeleine et Émile sont arrivés hier et je m'en vais aller les rejoindre tout à l'heure et j'espère bien m'amuser. Petite Maman est en train d'essuyer sa vaisselle. La modiste a avec elle trois petites filles. Je t'envoie une fleur.

Reçois de ton cher petit gars les meilleurs baisers du plus profond de son petit cœur.

Albert

Les meilleurs et bons baisers. De ta petite femme qui t'aime,

Antoinette

D'Albert DESPRÉS à son père Albert-Jean, mai 1918

Mon cher petit homme chéri,

Toujours pas de nouvelles de toi, mon chéri. Je m'ennuie de plus en plus. Je désire être à demain. Peut-être que j'aurai un petit mot qui me reconsolera, car les dernières nouvelles sont bien vieilles. Depuis le 28, bien triste vie d'être sans nouvelles de celui que j'aime. Je ne doute pas que tu fais tout pour nous envoyer un petit mot, mais les courriers viennent très mal ce qui est la cause de mon grand ennui. Notre grand chéri est là pour me consoler et il me dit c'est la faute du courrier : petit Papa chéri nous écrit chaque jour comme nous lui écrivons et puis il me couvre de ces bons baisers ce cher petit et il est toujours aussi mignon, bien caressant et bon cœur et il nous aime de tout cœur. Ta petite femme chérie qui t'aime et qui t'embrasse de tout cœur pour toujours,

Ta Antoinette

D'Antoinette DESPRÉS à son mari Albert-Jean, 9 mai 1918

Cher petit homme chéri,

Toujours sans nouvelles de toi, mon chéri, aussi depuis huit jours les jours sont de plus en plus longs et je m'ennuie de ne rien recevoir. Quelle vie mon Dieu la séparation est très dure et ma correspondance surtout. Je désire être toujours au lendemain, mais alors toujours rien ce qui me décourage, je n'ai aucun goût à faire mon travail, tout ce que je désire c'est un mot de toi, mon chéri, le plus souvent possible, c'est la seule chose qui me remonte et me donne du courage. J'espère en avoir une petite demain, mais j'ai beau avoir l'espoir du lendemain, les jours sont à pas finir ; aujourd'hui encore plus longs… Notre grand chéri est en classe, il va très bien mais il est comme sa maman, il s'ennuie beaucoup de son cher papa qui nous est si cher et que nous aimons de tout cœur. Ta petite femme qui t'aime et t'embrasse de tout cœur pour toujours.

Ta Antoinette

D'Antoinette DESPRÉS à son mari Albert-Jean, 10 mai 1918

Mon cher petit Papa mignon,

Nous nous inquiétons beaucoup, car depuis le 27 avril nous avons pas de nouvelles de toi, mon petit Papa mignon. Ce matin, j'ai fait deux dessins que je t'envoie. C'est un général et une vache en train de manger. Aujourd'hui, la bonne s'en est allée ce matin car sa mère s'en va dans le Midi et elle s'en va avec elle. Nous sommes très très inquiets et aujourd'hui j'ai été à la messe prier le bon Dieu pour que tu reviennes bien vite parmi nous et que la maudite guerre soit finie. Il y a la mère Brinon en train de laver la vaisselle. Je t'envoie une fleur. Reçois de ton cher petit gars les meilleurs baisers du plus profond de son petit cœur.

Albert

D'Albert DESPRÉS à son père Albert-Jean, 10 mai 1918

Fermeture

Vous étiez huit millions de mobilisés entre 1914 et 1918. Et parmi vous un million et demi de jeunes hommes ne revirent jamais le clocher de leur village natal; sans compter ceux d'entre vous qui, affaiblis par des années de guerre, furent fauchés par la grippe espagnole après l'armistice.

Tel est l'effroyable bilan en pertes humaines de la Première Guerre mondiale en France.

Dix pour cent de la population active, un combattant sur six, vingt-sept pour cent des hommes de moins de vingt-huit ans... Vos noms sont gravés dans la pierre froide des monuments aux morts de nos villes et de nos bourgs.

Et quand l'église s'est tue, quand l'école est fermée, quand la gare est close, quand le silence règne dans ces bourgs qui sont devenus des hameaux, il reste ces colonnes de mots rangés par ordre alphabétique, ces listes de noms et de prénoms qui rappellent le souvenir d'une France dont les campagnes étaient si peuplées.

Mais il y eut aussi un million trois cent mille mères qui ne retrouvèrent pas leurs fils et six cent trente mille veuves de guerre qui durent élever plus de sept cent mille orphelins de père...

Et lorsque par chance les femmes retrouvèrent leurs maris, les mères leurs fils, les filles leurs pères, les choses ne furent pas forcément plus reluisantes. Elles durent choyer six cent mille invalides de guerre dont soixante mille amputés. Les trois millions d'hommes blessés recensés dans les statistiques n'incluaient pas les blessures psychiques et morales: celles qui firent parmi vous – poilus, mères, veuves, femmes, enfants de poilus – des centaines de milliers de dépressifs, d'alcooliques, de polytraumatisés de la guerre et de ses cauchemars...

Histoires de famille

Histoire de Léon Pénet, d'Alcée de Loche et de leurs enfants, Hubert, Magui et Marie

Léon Pénet a trente-quatre ans en 1915. Son Savoyard de père s'est installé en Tunisie quand il avait trois ans. Léon vit de la culture de la terre et de l'élevage ; il a bâti de ses mains la ferme de Sidi-Bou-Mel et le domaine qui l'entoure à Hammam Lif, dans la banlieue sud de Tunis. Il a épousé une jeune fille originaire de la région de Grenoble, Alcée de Loche, dont les parents étaient magistrats. Malgré ses trois enfants en bas âge, Léon est mobilisé dans l'artillerie où il sera caporal puis brigadier. Son fils aîné Hubert a six ans, ses deux filles Magui et Marie, trois et deux ans. Pendant son absence, Alcée dirige la ferme ; elle fabrique l'huile d'olive, s'occupe de la vigne et produit la laine des moutons. Léon envoie en moyenne deux lettres par semaine à sa famille... Il souffre du froid sur un front dont le climat n'a rien à voir avec celui de la Tunisie... Léon écrit essentiellement à sa femme et à son fils aîné, le seul qui soit assez âgé pour le lire. Il a pris l'habitude d'utiliser des cartes ordinaires de correspondance aux armées et de détourner la partie réservée à la correspondance en y croquant ses propres dessins, ses propres illustrations. Il ne cesse d'envoyer à Hubert des scènes de sa vie quotidienne : poilus dans les tranchées, cavaliers qui passent, portraits de son cheval Guibollard ; il dessine sans cesse, autant pour se divertir que pour affirmer sa présence au sein de sa famille trop éloignée ; il lui envoie des rébus, des bandes dessinées, des paysages... Léon est très observateur ; il a le sens du détail drôle ou pittoresque. Il est à la fois bon mari et bon père ; il est très amoureux de sa femme, qu'il ne rencontre pendant quatre ans qu'à l'occasion de trop rares permissions dont le temps est en partie dévoré par la longueur de l'aller et retour qu'il effectue en Tunisie. Il est très soucieux du devenir de ses enfants qui grandissent sans lui. Hubert semble beaucoup accaparer ses pensées et ses courriers : son fils aîné est un peu le « chef de famille » en son absence, du haut de ses six ans. Il est son interlocuteur privilégié, celui dont il sait qu'il devrait prendre sa place en cas de malheur, pour protéger les trois femmes de la famille, à savoir Alcée et ses deux filles... Léon survivra à la guerre : un artilleur était plus protégé qu'un fantassin... Ils auront encore trois filles et deux fils entre 1921 et 1927...

Histoire de Jean Zay, de sa sœur Jacqueline, de son père Léon et de sa mère Alice-Lucie

Jean Zay a dix ans lorsque la guerre éclate. Il habite Orléans, où il est né. Ses proches le décrivent comme un « bambin de dix ans au teint pâle et aux yeux sombres ».

Du côté paternel, ses grands-parents sont des Juifs alsaciens, des commerçants descendants de colporteurs, et qui ont opté pour la France en 1871. Du côté maternel, il descend d'une vieille famille beauceronne cossue de souche protestante.

Léon Zay a quarante ans en 1914. Sa femme Alice-Lucie en a trente-cinq. Il est rédacteur en chef au *Progrès du Loiret*. Elle s'occupe de Jean et de sa sœur Jacqueline, mais la mobilisation de son mari va l'obliger à travailler comme institutrice pour faire bouillir la marmite... Léon va passer cinquante-deux mois au 259e régiment d'artillerie comme maréchal des logis. Très vite, Jean va rejoindre sa mère dans l'école primaire où elle enseigne.

Depuis 1912, Jean crée sans cesse des almanachs, des petits journaux manuscrits quotidiens à l'usage de sa famille. Il s'y improvise tour à tour journaliste, éditorialiste, critique d'art, chroniqueur politique, envoyé spécial, rédacteur en chef et patron de presse. Les articles sont mis en page dans des cahiers d'écolier, mais comme de vrais journaux : ses écrits relèvent à la fois du journal intime et du périodique... La plume sergent-major y tient lieu de typographie, mais rien n'y manque : « unes » tapageuses, colonnes multiples, grands titres, chapôs, placards publicitaires, jeux concours, offres d'abonnement, illustrations, cartes géographiques, brèves locales, nationales et internationales, feuilletons, revues de presse, pages d'humour, rubriques nécrologiques, bibliographies, reportages... C'est le thème du cirque qui lui inspire son premier journal, un voyage à Paris le deuxième, et l'entrée en guerre qui va inspirer les six fascicules du troisième, rédigé à partir de la classe de sixième alors qu'il vient de rentrer au lycée Pothier et jusqu'en 1918. La *Revue mensuelle illustrée* portera vite un titre évocateur de sa portée familiale : *Le Familier*.

Dans *Le Familier*, Jean écrit de multiples rubriques sous son nom et aussi sous différents pseudonymes.

En écrivant ce journal, il donne libre cours à une vocation très précoce, tout en imitant son père journaliste et en « comblant » symboliquement son absence. Il y fait la guerre à sa manière, du haut de ses douze ans, étalant son patriotisme juvénile, sa haine de l'ennemi, et sa méfiance vis-à-vis des traîtres et des défaitistes de tout poil.

Lorsqu'il préfère écrire des lettres à son père pour communiquer directement avec lui, Jean signe le plus souvent : « Jean Zay, Romancier ». En 1916, sa copie de certificat d'études sera recopiée intégralement dans la presse locale. Il y traitait le sujet imposé : « La destinée d'un aéroplane qui passe sur le champ de bataille »...

Histoire d'Yves Congar, de Marie-Louise, de Robert et de Pierre, de leur père Georges et de leur mère Lucie

En 1914, le futur cardinal Yves Congar a dix ans. Il habite avec ses parents, Georges et Lucie, ses deux frères Pierre et Robert et sa sœur Marie-Louise dans les faubourgs de Sedan. Quand la guerre éclate, très vite, dès juillet 1914, Yves, Marie-Louise (onze ans), Robert (treize ans) et Pierre (quinze ans) entreprennent chacun la rédaction d'un « journal de vacances » sur le conseil de leur mère. Les « vacances » n'en seront pas vraiment et vont durer quatre ans... La vie à Sedan, ville occupée et quasiment annexée par les Allemands, est très dure... Les habitants y sont prisonniers ; ils n'ont pas le droit d'en sortir. Ils n'ont pas le droit de communiquer avec l'extérieur et en particulier avec le reste de la France. Ils sont tous recensés et leur nom est écrit sur la façade de leur maison. Le travail forcé y est imposé à toutes les personnes de plus de quatorze ans... La population manque de pain, de viande, de légumes. Les meubles, la literie, les métaux, les matelas : tout est progressivement confisqué par les forces d'occupation qui réalisent trois cent quatre-vingt-quatre réquisitions en cinquante mois… Les notables de la ville sont pris en otage afin de prévenir tout risque de résistance ou de rébellion… Dans ces conditions, Lucie Congar se transforme en maîtresse d'école improvisée avec ses enfants.

En écrivant son journal, Yves va noircir cinq cahiers d'écolier jusqu'en 1918… Il met en scène par l'écrit comme par le recours à l'illustration toute la réalité de la rigueur de l'occupation allemande : cruautés, maltraitance, prises d'otages, travaux forcés, exploitation des enfants, famine, pillages, impôts d'occupation, justice expéditive, exactions diverses, déportations… Il relate ainsi la mort de son chien Kiki, frappé par une taxe que ses parents n'ont pas les moyens de payer, l'exécution du directeur de l'usine à gaz qui a osé correspondre avec la France, la maltraitance qui frappe les prisonniers roumains, et le fracas du champ de bataille.

Le journal de Marie-Louise a des côtés plus intimistes : la petite fille de 1914 va devenir une jeune fille en 1918 : plus elle écrit, plus son écriture prend de l'assurance ; elle « grandit » ; elle exprime ses états d'âme. Son journal montre un sens de l'observation des autres êtres humains. Un regard féminin posé sur les êtres et sur les choses… Le journal d'Yves, que ses frères et sœur appellent « Vonet », est comme celui de « Mimi » rédigé d'une écriture appliquée, illustré avec soin.

Robert de son côté est à la fois plus agressif, plus factuel, plus adolescent, plus ironique, plus égocentré. Il a décidé de prendre les choses du meilleur côté possible. Il est dans l'action plus que dans la réflexion. Ses observations sont écrites à la hâte, d'une écriture brouillonne, et souvent elliptiques…

Pierre est quant à lui un jeune adulte. Cette impression est renforcée par le fait que son journal a visiblement été recopié après la guerre.

Pendant quatre ans, les quatre enfants Congar ont presque perdu leur insouciance. Ils ne font quasiment pas allusion à leurs jeux, à leur scolarité, à leur vie personnelle. D'une certaine façon, la guerre leur dérobe leur enfance et leur adolescence, et ce sentiment chemine avec la prise en otage de leur père, qui est effective dès le début du conflit, puisque les Allemands s'emparent de cent quarante-quatre notables de la ville… Il culmine lorsque la prise d'otages débouche sur une déportation le 6 janvier 1918 : Georges Congar est envoyé en Silésie… Ce jour-là le père est digne ; il ne veut pas affoler sa famille. Il ne sait pas quand la guerre finira ; il ne sait pas s'il reviendra.

Histoire d'Albert Després, de son père Albert-Jean et de sa mère Antoinette

La lettre postée le 8 mai 1918 par Antoinette Després à l'attention de son mari Albert-Jean, lieutenant, commandant la 2e compagnie du 96e régiment d'infanterie, n'est jamais arrivée à son destinataire… Albert-Jean Després, né le 21 décembre 1881 à Nouan-le-Fuzelier, avait été tué le 21 avril 1918 au cours de la bataille des Flandres dans la région des monts Rouge et Vidaigne. Il avait trente-sept ans, et son fils Albert avait onze ans… L'enveloppe porte une double mention à chaque fois portée au tampon : « Retour à l'envoyeur » au recto, « Le destinataire n'a pu être atteint » au verso… Entre le 21 avril et le 10 mai 1918, Antoinette et Albert écrivirent à Albert-Jean. Ils continuèrent au début à recevoir les lettres qu'il leur avait envoyées avant sa mort… Mais bientôt, ne recevant plus de nouvelles, leurs messages se mirent à exprimer une inquiétude de plus en plus vive.

Le lieutenant Albert-Jean Després avait réussi à survivre pendant quarante-cinq mois de guerre. Négociant, aubergiste, restaurateur et secrétaire de mairie à Pierrefitte-sur-Sauldre dans le Loir-et-Cher, le propriétaire associé de l'hôtel La Boule d'Or était un Solognot de vieille souche… Il écrivait quasiment chaque jour à sa femme et à son fils.

Pendant près de quatre ans, les en-têtes de lettres ne varièrent jamais, comme pour mieux conjurer l'effroyable tourbillon de la mort et de la vie. Antoinette s'adressait à son « cher petit homme chéri » ; Albert à son « cher petit Papa mignon ». De son côté, le lieutenant Després se confiait à sa « Chère Antoinette » et à son « Cher petit Albert »…

Avec la mort d'Albert-Jean, le calvaire de la mère et de l'enfant ne faisait que commencer : en 1919, il leur fallut aller récupérer le corps d'Albert-Jean dans les Ardennes belges pour l'inhumer dans sa Sologne natale. La mère et son fils âgé de douze ans durent charrier son cercueil sur une charrette à bras entre l'endroit où il avait été enterré et la gare la plus proche…

Après la guerre, le petit Albert deviendra pupille de la nation et sa mère devra affronter de gros soucis d'ordre matériel. L'auberge de La Boule d'Or sera saisie et vendue aux enchères… Les maîtres d'Albert l'inciteront à rentrer le plus vite possible dans la vie active pour subvenir aux besoins de sa mère. Mais Antoinette s'y opposera… Pendant plus de dix ans, elle fera des ménages pour permettre à son fils de faire ses études de médecine et de les réussir brillamment…

Albert et sa mère prouvèrent ainsi qu'ils avaient su exaucer les vœux d'Albert-Jean, et tirer parti de « l'exemple qu'il avait su laisser ».

L'auberge de La Boule d'Or existe toujours… Elle a changé de nom et elle accueille aujourd'hui les touristes et les voyageurs de commerce sous un nom qui rend hommage au héros créé par Maurice Genevois, autre poilu de 1914 : Le Raboliot.

Histoire de Joseph Thomas, de Marie et de leur fils Armand

Joseph avait vingt-neuf ans en 1914. Son fils Armand était né deux mois avant l'ordre de mobilisation générale qui fit sonner le tocsin dans le clocher de l'église de Saint-Georges-d'Espéranche, à trente-cinq kilomètres de Lyon… Joseph n'avait pas choisi de succéder à son sabotier de père et il avait épousé Marie Ray en 1912 : ils régnaient ensemble sur une petite ferme modeste et vivaient quasiment en autarcie, cultivant le blé, la pomme de terre ainsi que la petite vigne qui leur donnait leur vin, échangeant avec le boulanger de la farine contre du pain, élevant quelques vaches, quelques poules et quelques chèvres… Joseph avait fait un service militaire de trois ans, avant son mariage, au 99e bataillon de musique… Il jouait depuis dans la fanfare municipale… Les gens du village appelaient la maison Thomas « la maison du bon Dieu »… On y était toujours bien reçu.

Dans ses « lettres de poilu », Joseph donnait des conseils « pour le cas où il ne reviendrait pas »… Il incitait Marie à semer le plus possible, surtout des trèfles, mais à semer le plus tard possible sur les terrains à gravillons.

Joseph était brancardier à Verdun. Blessé en 1915, il reviendra brièvement dans son village, puis repartira sur le front. Lorsqu'il écrivit le 5 août 1915 à son petit Armand, Joseph n'avait plus que huit mois à vivre. Il fut tué à Verdun le 30 mars 1916, en portant secours à d'autres blessés, et son corps est resté enfoui avec des milliers d'autres dans l'ossuaire de Douaumont…

Marie continua à exploiter la ferme avec sa belle-mère Anne, qui avait perdu son mari peu avant la guerre. Les deux veuves élevèrent Armand qui était fâché avec l'orthographe et qui devint menuisier charpentier. Marie se remaria en 1922 ; elle épousa un bourrelier qui répondait au nom de François Clopin. Elle mourut en 1993, à l'âge de cent ans…

Histoire de Marin Guillaumont, de Marguerite et de leur fille Luciole

Marin Guillaumont est instituteur avant la guerre, tout comme son épouse. En 1914, il a vingt-neuf ans. Anarchiste à ses heures, il n'hésite pas à inciter Marguerite, cette fille d'agriculteurs qu'il a épousée quatre ans plus tôt, à se méfier de ce qu'il estime être l'incompétence des représentants de l'autorité lorsqu'il s'agira de déclarer sa fille à la mairie de Tours-sur-Meymont, jolie commune du Puy-de-Dôme.

Car elle vient de naître, sa fille, le 10 décembre 1914, et lorsqu'il écrit à Marguerite le 14 décembre, il ne connaît pas encore son prénom. Il ne sait même pas si elle vivra, dans la mesure où le taux de la mortalité infantile est encore à cette époque très élevé.

En fin de compte, Marguerite ne choisira pas « Lucienne, Yvonne, Marguerite, Marcelle, ou Germaine », mais « Marie », sans doute parce que ce prénom s'emboîtait à merveille dans celui de son mari absent et surtout « Lucile » qui donnera à leur petite fille le surnom de « Luciole »…

Dans toute sa correspondance, dans ses carnets de guerre, Marin ne cesse de critiquer le comportement des pouvoirs établis avec une lucidité qui ne l'empêche pourtant pas de faire son devoir : il n'est jamais dupe et rappelle bien que c'est en fin de compte « le peuple qui avance l'argent destiné à payer les armes qui le déciment », mais que l'éducation du peuple « ne lui permet pas de se passer des bergers qui le conduisent suivant leurs intérêts au pâturage ou à la boucherie»... Il conseille à Marguerite de ne rien donner à l'emprunt parce que: «Donner cinq sous à l'emprunt, c'est acheter la balle qui tuera un homme...»

Marin fut gazé puis blessé dans les mois qui suivirent la naissance de sa fille. Il passa les derniers mois de la guerre en famille. Mais Lucile perdit ses deux parents six ans après la guerre, foudroyés l'un et l'autre par la tuberculose. Recueillie par son oncle «Patier», elle se retrouva seule au monde à treize ans, après la mort de son tuteur, et devint demoiselle des Postes, pour ne pas mourir de faim, avant d'épouser elle-même un instituteur.

Histoire de Léon Auriel, d'Anne-Félicie et de leur fils Pierre

12 décembre 1915: l'adjudant Léon Auriel a trente-huit ans. Il est marié depuis onze ans avec Anne-Félicie Astorg qui lui déjà donné trois filles et deux garçons: Jeanne a dix ans, Emma neuf, Augusta sept, Pierre quatre et Joseph deux ans. Malgré la charge d'une famille aussi nombreuse, Léon n'a pas été épargné par la mobilisation... Pendant la guerre, ses trois filles vivent chez leur grand-mère pour soulager Félicie qui élève ses deux fils. Chaque jour, il écrit à Félicie et à sa grande famille, avec de toute évidence une attention toute particulière pour les petits derniers, Pierre et Joseph, les «garçons» tant attendus. Et chaque jour, dans la glaise des tranchées, entre deux batailles, il s'écrit à lui-même dans des carnets auxquels il confie ce qu'il n'ose pas dire dans ses lettres: le manque d'âme et de cœur de certains officiers, la rapacité des spéculateurs de l'arrière, l'inhumanité d'une guerre avant tout matérialiste. Quand Léon a le cafard, il retrouve la paix dans la prière et dans la pénombre d'une église. Léon va être blessé à la jambe pendant la guerre, mais il survivra. Redevenu agriculteur et exploitant forestier avec la paix, il sera élu maire de sa commune du Cantal et il aura encore quatre filles et un fils entre 1921 et 1931: Denise, Marthe, Germaine, Jean et Marie-Thérèse. Dans les années 1930, «petit Pierre» qui fut entouré de tant de sœurs devint commerçant et son frère Joseph reprit l'exploitation forestière de son père. La plupart de ses sœurs devinrent femmes d'agriculteurs ou de commerçants, à l'exception d'Emma qui entra dans les ordres.

Histoire d'Henri Aimé Gauthé et d'une fillette

Né en 1885, fils d'un limonadier de Château-Chinon, Henri Aimé Gauthé était un simple soldat de 2e classe qui fut d'abord agent de liaison puis téléphoniste au 13e régiment d'infanterie. Son journal de guerre fut écrit dans le feu de l'action. Henri devait avoir les doigts trop souvent sales, les ongles cassés du fantassin. Son frère aîné, Victor, fut tué au cours de la bataille de la Marne, dès le début de la guerre, laissant sa femme enceinte. Après la guerre, Henri devra reprendre la direction de l'entreprise paternelle. Il épousera celle qui était sa correspondante de guerre et qui était aussi sa cousine, Marie-Alice Jeannot, le 28 avril 1919.

Histoire de Martin Vaillagou, d'Eugénie, et de leurs fils Maurice et Raymond

Martin Vaillagou est né le 28 juillet 1875 dans le Quercy. Il a épousé sa femme Eugénie en 1900 et il est venu vivre avec elle à Malakoff, près de Paris. Là, ils ont fondé ensemble une entreprise de maçonnerie qui est devenue prospère. Deux enfants sont nés : Maurice en 1904 et Raymond en 1909... Martin était un admirateur de Jaurès et poète à ses heures. Mobilisé comme ses quatre frères, le soldat Vaillagou a été tué avec seize autres hommes dans une embuscade au cœur d'un petit bois dans la région de Mourmelon, le 25 août 1915, un mois avant la mort de deux de ses frères, tués au même endroit.

Pendant plus d'un an, Martin avait échangé des lettres avec Eugénie et avec Maurice, qui lui écrivait très souvent... Le cérémonial était toujours le même... La mère et le fils écrivaient à Martin sur une grande feuille blanche pliée en deux en lui laissant de la place pour qu'il puisse répondre sur le même support... le plus souvent en corrigeant les fautes d'orthographe et de syntaxe de Maurice, en le réprimandant lorsque ses résultats scolaires n'étaient pas satisfaisants... Après la mort de Martin, en pleine guerre, Eugénie se retrouva dans l'impossibilité de faire tourner la petite entreprise familiale. Les deux autres frères de Martin étaient morts à leur tour, l'un après avoir été gazé, l'autre d'une gangrène consécutive à une mauvaise blessure de guerre... La maison familiale était en ruine... Eugénie fut obligée de travailler dans une usine d'armement à Sèvres, tandis que son fils aîné travaillait dans une entreprise de produits chimiques. Maurice mourut d'une leucémie foudroyante en janvier 1918 ; il avait quatorze ans. Directement ou indirectement, la guerre de 1914-1918 avait détruit plusieurs vies dans la famille Vaillagou… Eugénie continua à élever son second fils et se lança elle-même dans la construction d'une nouvelle maison dont elle assembla les briques de ses mains, en 1919… Au terme de ses études, Raymond Vaillagou, celui qui ne sut écrire qu'après la mort de son père, devint ébéniste d'art.

Histoire d'Alexandre de Gieysz, prisonnier de guerre, de sa femme Amélie et de ses filles Geneviève et Madeleine

En 1914, Alexandre de Gieysz avait trente-six ans. Il était le fils de Victor Vandalin Auguste Eliaszowiez de Gieysz, noble polonais ruiné qui gardait un souvenir de son passé militaire en travaillant aux haras de Saint-Lô.

Sa mère Augustine lui avait transmis ses dons artistiques ; elle était peintre en faux marbre et Alexandre était devenu à son tour peintre décorateur spécialisé dans le faux bois… Alexandre avait épousé Amélie Silel qui avait quatre ans de moins que lui. Elle était couturière et le couple avait eu deux filles : Geneviève qui avait deux ans en 1914 et sa sœur aînée Madeleine qui en avait sept.

Alexandre fut fait prisonnier dès le début de la guerre, le 4 août 1914. Il passa quatre ans et demi au camp de Friedrichsfeld, près de Wesel. Pendant toute la guerre, du fond de son stalag, Alexandre écrit à ses filles et à son épouse. Pour Geneviève et pour Madeleine, il peint de petits objets, plumiers, porte-plumes, boîtes à bijoux, poupées, missels… Il lui arrive également de peindre des cartes postales où il croque son propre visage sous forme de caricature. Pendant toute la guerre, Amélie, telle Pénélope attendant Ulysse, brode un dessus-de-lit et des stores afin de conjurer le sort et de s'efforcer de raccourcir le temps qui passe… « Je broderai la maison, et quand tu reviendras, ce sera une grande broderie », lui confie-t-elle dans ses lettres.

Alexandre fut libéré le 11 février 1919. Malade, affaibli par les mauvaises conditions de vie de sa captivité, il ne put jamais retravailler et mourut quatre ans plus tard. Entre 1919 et 1923, Amélie n'osa jamais faire venir le médecin militaire pour constater son mauvais état de santé. Elle ne voulait pas l'affoler... Elle n'eut donc jamais droit à une pension de veuve de guerre. Dans les temps qui suivirent, Madeleine devint brodeuse, et Geneviève, ajoureuse.

Histoire de Louis Guéno, de Clémence et de leur fils Pierre

Breton né près de Lamballe (Côtes-d'Armor), engagé comme mousse à treize ans, pour aller pêcher la morue sur les bancs de Terre-Neuve, Louis Guéno a triché sur son âge pour s'engager dans les bataillons d'Afrique à l'âge de dix-sept ans... Quelques années plus tard, pendant son service militaire, Louis, l'ancien spahi, accompagne un ami de régiment bourguignon dans son village natal : Montigny-sur-Vingeanne, en Côte-d'Or. Il y rencontre Clémence Robinet, la fille du facteur, qui deviendra son épouse en 1912. Leur fils Pierre Guéno va naître le 9 juillet 1914, trois semaines avant le début de la guerre. Lorsque la guerre éclate, Louis est douanier à Mandeure, dans le Doubs. Mobilisé de la première heure, il appartient à un régiment douanier et œuvre dans un secteur proche de celui où évolue le caporal Peugeot, premier tué de la guerre.

Très tôt, dès 1914, Louis est très frustré de ne pas pouvoir élever celui qui restera son fils unique. Il prend l'habitude de lui écrire alors que le petit Pierre est encore bien loin de pouvoir lire. Il lui demande d'être sage avec « la maman », de grandir vite afin de pouvoir venir à sa rencontre lors de ses permissions. Certains soirs de cafard, lorsqu'il repart vers les tranchées de première ligne, il écrit à son fils de deux ans pour lui confier en filigrane une angoisse qu'il ne formule pas et pour lui demander d'embrasser sa mère...

En 1916, Clémence est obligée de quitter le Doubs pour rejoindre ses parents en Bourgogne. Les femmes travaillent dur en l'absence des hommes. Dans la région, il faut arracher les perches à houblon avec lequel on fabrique la bière, prendre soin de la vigne et de son mauvais vin, laver le linge au lavoir dans l'eau glaciale de la rivière. Mais l'argent vient à manquer. Clémence est obligée de travailler comme ouvrière à la laiterie de

Montigny-sur-Vingeanne, immortalisée par l'affiche publicitaire bien connue de Steinlen, élève de Toulouse-Lautrec…

Clémence va attraper la tuberculose dans les locaux insalubres de cette laiterie humide et ouverte à tous les vents. Cette grande Bourguignonne qui mesure deux têtes de plus que son mari sera sauvée de justesse au prix d'un traitement de cheval, puisqu'elle fut soignée avec des « pointes de feu »…

Louis va être blessé trois fois au cours de la guerre, mais il en reviendra vivant. De retour au foyer en 1919, Louis, Clémence et leur fils Pierre habitent 36, passage Saint-Ange, près de la porte de Clichy, à deux pas des fortifications. Pendant la journée, Louis est douanier. La nuit, parce que Clémence ne peut plus travailler, trop affaiblie par sa tuberculose, il est à la fois manœuvre et portefaix à Lunapark, sorte de foire du Trône permanente établie à la porte Maillot. Entre sa journée et sa nuit de travail, Louis a tendance à hanter les bistrots du Nord du 17e arrondissement, autant pour oublier ses cauchemars de guerre que pour tenir le coup. Depuis la guerre, il est sous la dépendance de cet alcool de bois frelaté qui servait à motiver les poilus pour les faire sortir des tranchées baïonnette au canon… Il boit pour oublier quatre années de guerre, pour oublier la souffrance, les horribles blessures et la disparition de ses compagnons, pour oublier les fantômes de ses régiments décimés… Il essaye d'oublier la mort de son frère Alexandre, cuisinier à la cour du roi d'Espagne et rentré dès 1914 pour faire son devoir, Alexandre, qui a été tué au combat à vingt-huit ans le 20 mai 1918… Au début des années 1920, les cures de désintoxication n'existent pas, et les hommes qui ne boivent pas ne sont pas des hommes… Louis mettra quelques années à retrouver son équilibre, à évacuer le poison de l'alcool qui lui a été imposé pendant la guerre, et il se retirera en Bourgogne avec Clémence en 1932.

Histoire de Jeanne de Longevialle, de ses dix fils et de ses quatre filles…

Gabriel Falcon de Longevialle était un vétéran de la guerre de 1870. Il avait épousé Jeanne Dugas-Vialis en 1878. Entre 1879 et 1895, le couple s'installa dans l'Isère, dans la propriété de Bellevue située dans la paroisse des Côtes-d'Arey et donna naissance à… quinze enfants dont onze fils. En 1914, la famille se réduisait à quinze personnes. Le fils aîné Henry était mort du typhus à vingt-sept ans, en 1906. Gabriel, le père, était mort en 1911 à soixante-cinq ans. Avec Jeanne, restée veuve, il y avait donc à cette époque dix fils – Robert, Joseph, Louis, Jean, Albert, Antoine, André, Maurice, Guérin et Guy – et quatre filles – Marguerite, Marie, Magdeleine et Huguette…

Les dix fils de Jeanne furent mobilisés pendant la Grande Guerre. Tous reçurent des citations récompensant leur courage; deux furent blessés, cinq furent tués… Robert, lieutenant au 75e d'infanterie, fut tué le 25 septembre 1915 à l'âge de trente-cinq ans. Joseph, lieutenant au 38e d'infanterie, perdit la vie le 27 août 1914 à l'âge de trente et un ans. Louis, sous-lieutenant au 158e régiment d'infanterie, fut tué à l'ennemi le 14 mai 1915 à l'âge de trente-deux ans. Albert, sergent au 75e régiment d'infanterie, disparut le 31 octobre 1914 à vingt-huit ans. Guy, capitaine au 3e bis de zouaves, perdit la vie le 17 avril 1917 à vingt-quatre ans…

Les cinq morts laissaient trois orphelins et une mère cruellement marquée.

Nécrologie du champ d'honneur 1914-1918

Passages extraits d'un cahier écrit par M. Badiou Bauzac, maire de la commune de Solignac-sur-Loire, et concernant les poilus tués au champ d'honneur et ayant charge d'âmes.

1914

Bauzac André Florentin Auguste

Né à Solignac-sur-Loire le 2 mai 1881.

Soldat au 275e d'infanterie.

Mort pour la France au combat devant Flirey, Meurthe-et-Moselle, le 14 décembre 1914.

Laisse une veuve, Bauzac Victorine, et deux enfants en bas âge.

Gerbier André

Né à Solignac-sur-Loire le 18 mars 1884.

Soldat au 6e régiment d'infanterie coloniale, matricule 6242.

Mort pour la France le 14 juillet 1915 aux tranchées de Grusie, Marne.

Il laisse une veuve, Mialon Marie, et un enfant en bas âge.

Martin Louis Félix

Né à Solignac-sur-Loire le 6 juillet 1883.

Soldat au 286e d'infanterie, 21e compagnie, matricule 593.

Mort pour la France des suites de blessures de guerre le 26 septembre 1915 à Void, ambulance 3/8, Meuse.

Laisse une veuve, Boyer Euphrasie, et deux fillettes en bas âge.

Mirmand Henri

Né à Solignac-sur-Loire le 19 janvier 1880.

Soldat à la 7e section de COA d'administration.

Mort pour la France à Saint-Dié, Vosges, le 9 octobre 1915.

Il était veuf depuis deux ans de Vertaud Marie-Antoinette. Il laisse quatre enfants en bas âge. Il était domicilié à Bourg (Ain) où il exerçait la profession de boucher.

Fin 1916

Boudoul Auguste Dominique

Soldat au 101e territorial, 2e compagnie, matricule 1400/15901, classe 1895.

Décédé le 20 janvier 1917, à l'ambulance 3/11 par suite de fracture du crâne, région occipitale droite.

Ce brave, originaire du village de Collandres, avait perdu sa femme il y a à peine un an. Il laisse un jeune fils orphelin.

Fin 1917

Pierre Jean-Baptiste Dominique

Né à Solignac-sur-Loire le 29 octobre 1885.

Soldat au 358e d'infanterie, 21e compagnie, classe 1905.

Mort pour la France des suites de ses blessures, le 7 juin 1918 à l'ambulance 2/16 SP 138.

Ce brave habitait aux alentours de Beauzac où il était né. Il laisse une veuve et une fillette en bas âge.

Bibliographie

Les Enfants dans la Grande Guerre, Cinq Continents Éditions / Historial de Péronne (diff. Seuil), 2003.

AUDOIN-ROUZEAU Stéphane, *La Guerre des enfants 1914-1918*, Armand Colin, 1993.

AUDOIN-ROUZEAU Stéphane et BECKER Annette, *La Grande Guerre 1914-1918*, Gallimard, « Découvertes », 1998.

Général BACH André, TURBERGUE Jean-Pierre, préface de Patrick PESNOT, *Mata Hari, espionne ou victime ? Le dossier du conseil de guerre*, Éditions Italiques, 2001.

BECKER Annette, *Oubliés de la Grande Guerre*, Noêsis, 1998.

BECKER Jean-Jacques, *Les Français dans la Grande Guerre*, Robert Laffont, 1980.

BOUDRIOT Pierre-Denis, « L'Enfant et la guerre », *Gazette des Armes* n° 71, mai 1979.

CONGAR Yves, *Journal de la guerre 1914-1918*, présenté par Stéphane AUDOIN-ROUZEAU, Le Cerf, 1997.

DOLTO Françoise, *Père et fille, une correspondance, 1914-1938*, Mercure de France, « Le Petit Mercure », 2003.

DOLTO Françoise, *« Lettres de jeunesse », correspondance 1913-1938*, Gallimard, 2003.

FARON Olivier, *Les Enfants du deuil, orphelins et pupilles de la nation de la Première Guerre mondiale*, La Découverte, 2001.

GUÉNO Jean-Pierre, *Paroles de poilus, lettres et carnets du front 1914-1918*, France Bleu, Librio n° 245, 1998.

GUÉNO Jean-Pierre, LAPLUME Yves et PECNARD Jérôme, *Paroles de poilus, lettres de la Grande Guerre*, Tallandier / France Bleu, 2003, édition revue et augmentée.

GUÉNO Jean-Pierre et PECNARD Jérôme, *Mon papa en guerre 1914-1918, lettres de pères et mots d'enfants*, Les Arènes, 2003.

GUYVARC'H Didier, *Moi, Marie Rocher, écolière en guerre – Dessins d'enfants 1914-1919*, Apogée, 1993.

HUSS Marie-Monique, *Histoires de famille 1914-1918*, Historial de la Grande Guerre, Noêsis, 2000.

LES AMIS DES MÉES (association), *Soldats de Haute-Provence, lettres et souvenirs de guerre 1914-1918*

MICQUEL Pierre, *Les Poilus*, Pocket, 2002.

PERREUX Gabriel, *La Vie quotidienne des civils en France pendant la Grande Guerre*, Hachette, 1966.

PONCIN Lucette, *Des écoliers dans la Grande Guerre*, Les Alpes de Lumière, 1997.

TANTY Étienne, *Les Violettes des tranchées, lettres d'un poilu qui n'aimait pas la guerre*, Éditions Italiques, 2002.

TURBERGUE Jean-Pierre, *Les Journaux des tranchées*, Éditions Italiques, 1999.

ZAY Jean, *Bleu Horizon*, édition originale du journal de Jean Zay, Éditions Empreinte, 2001.

CD

Paroles de poilus, lettres et carnets du front 1914-1918, double CD Frémeaux / Radio France 1999.

La Grande Guerre 1914-1918, coffret de trois CD Frémeaux / Radio France, 1999.

Site Internet

http://www.memoiredeshommes.sga.defense.gouv.fr/

Remerciements

Mon papa en guerre n'aurait pas été mené à bien sans la gentillesse et la compétence de Laurent Beccaria, de Rachel Grünstein, de Laurence Corona, d'Édith Saint-Germain, d'Emmanuelle Vial, de Jean-Baptiste Bourrat, d'Élisabeth Le Meur, d'Isabelle Souchard et Katia Lièvre, d'Henri Mérouet et de Jérôme Pecnard.

Que soient ici remerciés Thomas Compère-Morel, directeur de l'Historial de la Grande Guerre de Péronne, Marie-Pascale Prévost-Bault, mais aussi les descendants des poilus dont ce livre célèbre la mémoire, à savoir Éliane Labruyère, Marin Pouмérol, Isabelle Georges Sylvestre, Mme Vez-Lanriec, Hubert et Abel Pénet, Dominique Congar, Agnès Després, Maury Vermande Lherme, Cécile Reymann, Raymond Chaumeil, Michèle Hartmann-Vaillagou, Francine Crouau, Danièle Maïno et Catherine Martin Zay.

Table des matières

Achevé d'imprimer en Italie par Grafica Veneta
en décembre 2013
Dépôt légal octobre 2012
EAN 9782290056691
OTP L21ELLN000483B002

—

Ce texte est composé en Lemonde journal

—

Conception des principes de mise en page :
mecano, Laurent Batard

—

Composition : PCA

—

ÉDITIONS J'AI LU
87, quai Panhard-et-Levassor, 75013 Paris
Diffusion France et étranger : Flammarion

Librio
654